# 本書の特色と使い方

## とてもゆっくりていねいに、段階を追った読解学習ができます。

・一シートの問題量を少なくして、ゆったりとした紙面構成で、読み書きが苦手な子どもでも、ゆっくりていねいに段階を追って学習することができます。

・漢字が苦手な子どもでも学習意欲が減退しないように、問題文の全てをかな文字で記載しています。

## 児童の個別学習の指導にも最適です。

・文学作品や説明文の読解の個別指導にも最適です。

・読解問題を解くとき、本文を二回読むようにご指導ください。その後、問題文をよく読み、本文から答えを見つけます。

## 光村図書・東京書籍・教育出版国語教科書などから抜粋した物語・説明文教材、ことば・文法教材の問題などを掲載しています。

・教科書掲載教材を使用して、授業の進度に合わせて予習・復習ができます。

・三社の優れた教科書教材を掲載しています。ぜひご活用ください。

## どの子も理解できるよう、長文は短く切って掲載しています。

・長い文章の読解問題の場合は、読みとりやすいように、問題文を二つなどに区切って、問題文と設問に[1]、[2]…と番号をつけ、短い文章から読みとれるよう配慮しました。

・読解のワークシートでは、設問の中で着目すべき言葉に傍線（サイドライン）を引いておきました。

・記述解答が必要な設問については、答えの一部をあらかじめ解答欄に記載しておきました。

## 学習意欲をはぐくむ工夫をしています。

・できるだけ解答欄を広々と書きやすいよう配慮しています。

・内容を理解するための説明イラストなども多数掲載しています。

・イラストは色塗りなども楽しめます。

**※ワークシートの解答例について（お家の方や先生方へ）**

本書の解答は、あくまでもひとつの「解答例」です。お子さまに取り組ませる前に、必ず指導される方が問題を解いてください。指導される方の作られた解答をもとに、お子さまの多様な考えに寄り添って〇つけをお願いします。

もっと　ゆっくり　ていねいに学べる

# 読解ワーク　基礎編

（光村図書・東京書籍・教育出版の教科書教材などより抜粋）

## 目《もく》次《じ》

3-②

詩　物語　説明文　短歌

## 言葉

# モチモチの木《き》（1）

名前

● 次《つぎ》のあらすじと文章《ぶんしょう》を二回《にかい》読《よ》んで、答《こた》えましょう。

豆太《まめた》は五《いつ》つにもなったのに、夜中《よなか》には じさまについてきてもらわないと せっちん（トイレ）にも行《い》けないおくびょうな子《こ》だった。せっちんは表《おもて》にあるし、表《おもて》には大《おお》きくておそろしいモチモチの木《き》があるからだ。じさまはぐっすりねていても、豆太《まめた》がよぶとすぐに目《め》をさましてくれる。いっしょにねている一《いち》まいしかないふとんをぬらされるより夜中《よなか》におきる方《ほう》がいいし、たった二人《ふたり》でくらしている豆太《まめた》が、じさまはかわいそうでかわいかったからだ。

霜月《しもつき》（十一月《じゅういちがつ》）二十日《はつか》の夜中《よなか》に、モチモチの木《き》に灯《ひ》がともる。山《やま》の神様《かみさま》のお祭《まつ》りで、それは勇気《ゆうき》のある一人《ひとり》の子《こ》どもしか見《み》ることができない。豆太《まめた》のじさまも、死《し》んだおとうも見《み》たんなら、豆太《まめた》も見《み》たいけど、こんな冬《ふゆ》の夜中《よなか》に、モチモチの木《き》をたった一人《ひとり》で見《み》に出《で》るなんて、豆太《まめた》にはとんでもない話《はなし》だった。

1

豆太《まめた》は見《み》た

豆太《まめた》は、真夜中《まよなか》に、ひょっと目《め》をさました。頭《あたま》の上《うえ》で、くまのうなり声《ごえ》が聞《き》こえたからだ。

2

あ「じさまぁっ。」

ア しがみつこうとしたが、むちゅうでじさまに

じさまはいない。

い「ま、豆太《まめた》、心配《しんぱい》すんな。じさまは、じさまは、ちょっとはらがいてえだけだ。」

（令和二年度版　光村図書　国語　三下　あおぞら　斎藤《さいとう》　隆介《りゅうすけ》）

1

(1) 豆太《まめた》が、真夜中《まよなか》に目《め》をさましたのは、なぜですか。

頭《あたま》の上《うえ》で、［　　　　］が聞《き》こえたから。

2

(1) あいの言葉《ことば》は、だれが言《い》った言葉《ことば》ですか。

あ［　　　　］

い［　　　　］

(2) 「アしがみつこう」とは、どういう意味《いみ》ですか。○をつけましょう。

（　）力《ちから》を入《い》れて、かむこと。

（　）強《つよ》く、だきつくこと。

(3) じさまは、どこがいたいのですか。

［　　　　］

※「モチモチの木」の教材は、令和二年度版　東京書籍　新しい国語　三下・教育出版　ひろがる言葉　小学国語　三下　にも掲載されています。

# モチモチの木《き》 (2)

名前

● 次《つぎ》の文章《ぶんしょう》を二回《にかい》読《よ》んで、答《こた》えましょう。

1

まくら元《もと》で、
くまみたいに体《からだ》を丸《まる》めて
うなっていたのは、
じさまだった。
「じさまっ。」

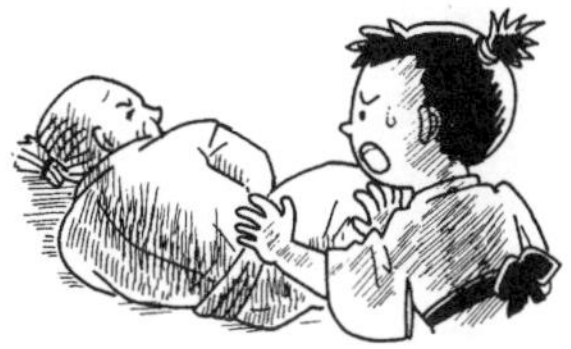

2

こわくて、びっくらして、
豆太《まめた》はじさまにとびついた。
けれども、じさまは、
ころりとたたみに転《ころ》げると、
歯《は》を食《く》いしばって、
ますます
すごくうなるだけだ。

※歯《は》を食《く》いしばる…
歯《は》をかたくかみ合《あ》わせ、
いたみ・つらさなどをがまんする。

（令和二年度版　光村図書　国語　三下　あおぞら　斎藤《さいとう》　隆介《りゅうすけ》）

1

(1) じさまは、どこでうなっていましたか。

(2) じさまは、どんな様子《ようす》でうなっていましたか。

［　　］みたいに ［　　］を ［　　］ うなっていた。

2

(1) 豆太《まめた》は、どんな気持《きも》ちでじさまにとびつきましたか。二《ふた》つに○をつけましょう。

（　）こわい
（　）たのしい
（　）びっくり

(2) たたみに転《ころ》がったじさまは、どうしましたか。じさまの様子《ようす》がわかるところを、文中《ぶんちゅう》から書《か》き出《だ》しましょう。

歯《は》を［　　］、
ますます すごく［　　］。

※「モチモチの木」の教材は、令和二年度版　東京書籍　新しい国語　三下・教育出版　ひろがる言葉　小学国語　三下　にも掲載されています。

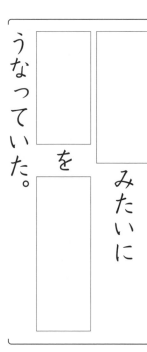

# モチモチの木《き》 (3)

次《つぎ》の文章《ぶんしょう》を二回《にかい》読《よ》んで、答《こた》えましょう。

名前

1

㋐「医者様《いしゃさま》をよばなくっちゃ。」
豆太《まめた》は、小犬《こいぬ》みたいに
体《からだ》を丸《まる》めて、表戸《おもてど》を体《からだ》で
ふっとばして走《はし》りだした。
ねまきのまんま。はだしで。
半道《はんみち》もある
ふもとの村《むら》まで——。

※半道《はんみち》…およそ二《に》キロメートル

2

外《そと》はすごい星《ほし》で、
月《つき》も出《で》ていた。
㋐とうげの下《くだ》りの坂道《さかみち》は、
一面《いちめん》の真《ま》っ白《しろ》い霜《しも》で、
雪《ゆき》みたいだった。
霜《しも》が足《あし》にかみついた。
足《あし》からは血《ち》が出《で》た。

（令和二年度版　光村図書　国語　三下　あおぞら　斎藤《さいとう》　隆介《りゅうすけ》）

1

(1) ㋐の言葉《ことば》は、だれが言《い》った言葉《ことば》ですか。

[　　　　]

(2) 豆太《まめた》が、あわてて外《そと》にとび出《だ》した様子《ようす》が分《わ》かる言葉《ことば》三《みっ》つに○をつけましょう。

（　）表戸《おもてど》を体《からだ》でふっとばして。
（　）ねまきのまんま。
（　）はだしで。
（　）ふもとの村《むら》まで。

2

(1) 外《そと》は、どんな様子《ようす》でしたか。

[　　　　]で[　　　　]も出《で》ていた。

(2) ㋐とうげの下《くだ》りの坂道《さかみち》は、どんな様子《ようす》でしたか。文中《ぶんちゅう》から書《か》き出《だ》しましょう。

[　　　　]

※「モチモチの木」の教材は、令和二年度版　東京書籍　新しい国語　三下・教育出版　ひろがる言葉　小学国語　三下　にも掲載されています。

# モチモチの木《き》　(4)

名前

● 次《つぎ》の文章《ぶんしょう》を二回《にかい》読《よ》んで、答《こた》えましょう。

1

豆太《まめた》は、なきなき走《はし》った。
いたくて、寒《さむ》くて、
こわかったからなぁ。
でも、大《だい》すきなじさまの
㋐死《し》んじまうほうが、
もっとこわかったから、
なきなき医者様《いしゃさま》へ
走《はし》った。

2

これも、年《とし》よりじさまの
医者様《いしゃさま》は、豆太《まめた》からわけを
聞《き》くと、
「おう、おう――。」
と言《い》って、ねんねこばんてんに
薬箱《くすりばこ》と豆太《まめた》を㋑おぶうと、
真夜中《まよなか》のとうげ道《みち》を、
えっちら、おっちら、
㋐じさまの小屋《こや》へ上《のぼ》ってきた。

（令和二年度版　光村図書　国語　三下　あおぞら　斎藤《さいとう》　隆介《りゅうすけ》）

1

(1) 豆太《まめた》は、なぜ、なきなき走《はし》ったのですか。文中《ぶんちゅう》から書《か》き出《だ》しましょう。

［　　］くて、［　　］くて、［　　］かったから。

(2) 豆太《まめた》が、㋐もっとこわかったことは、どんなことですか。

［　　］じさまが［　　］こと。

2

(1) ㋑おぶうと同《おな》じことを表《あらわ》す方《ほう》に、○をつけましょう。

（　）両《りょう》うでにかかえて持《も》つこと。
（　）せなかに乗《の》せて持《も》つこと。

(2) 薬箱《くすりばこ》と豆太《まめた》をおぶって㋒じさまの小屋《こや》へ上《のぼ》ってきたのは、だれですか。

［　　］

※「モチモチの木」の教材は、令和二年度版　東京書籍　新しい国語　三下・教育出版　ひろがる言葉　小学国語　三下　にも掲載されています。

# モチモチの木《き》 (5)

名前

● 次《つぎ》の文章《ぶんしょう》を二回《にかい》読《よ》んで、答《こた》えましょう。

医者様《いしゃさま》は、ねんねこばんてんに薬箱《くすりばこ》と豆太《まめた》をおぶうと、真夜中《まよなか》のとうげ道《みち》をじさまの小屋《こや》へ上《のぼ》ってきた。

1

とちゅうで、
月《つき》が出《で》てるのに、雪《ゆき》が
ふり始《はじ》めた。
この冬《ふゆ》はじめての雪《ゆき》だ。
豆太《まめた》は、㋐そいつを
ねんねこの中《なか》から見《み》た。

2

そして、医者様《いしゃさま》のこしを、
足《あし》でドンドンけとばした。
じさまが、なんだか
死《し》んじまいそうな
気《き》がしたからな。
豆太《まめた》は、小屋《こや》へ入《はい》るとき、
もう一《ひと》つふしぎな
ものを見《み》た。
「モチモチの木《き》に、
灯《ひ》がついている。」

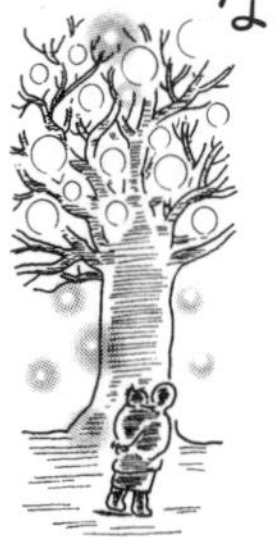

（令和二年度版　光村図書　国語　三下　あおぞら　斎藤《さいとう》　隆介《りゅうすけ》）

1

(1) ふり始《はじ》めた雪《ゆき》は、どんな雪《ゆき》ですか。二《ふた》つに○をつけましょう。

（　）昼間《ひるま》からふっている雪《ゆき》。

（　）この冬《ふゆ》はじめての雪《ゆき》。

（　）月《つき》が出《で》ているのにふる雪《ゆき》。

(2) 豆太《まめた》がねんねこの中《なか》から見《み》た㋐そいつとは、何《なん》のことですか。

2

(1) 豆太《まめた》が医者様《いしゃさま》のこしをけとばしたのは、なぜですか。○をつけましょう。

（　）医者様《いしゃさま》がしんじまいそうな気《き》がしたから。

（　）じさまが死《し》んじまいそうな気《き》がしたから。

(2) もう一《ひと》つのふしぎなものを見《み》た豆太《まめた》は、何《なん》と言《い》いましたか。文中《ぶんちゅう》から書《か》き出《だ》しましょう。

※「モチモチの木」の教材は、令和二年度版　東京書籍　新しい国語　三下・教育出版　ひろがる言葉　小学国語　三下　にも掲載されています。

# モチモチの木《き》 (6)

名前

● 次《つぎ》の文章《ぶんしょう》を二回《にかい》読《よ》んで、答《こた》えましょう。

豆太《まめた》は小屋《こや》へ入《はい》るとき、もう一《ひと》つふしぎなものを見《み》た。
「モチモチの木《き》に、灯《ひ》がついている。」

1

けれど、医者様《いしゃさま》は、
「あ、ほんとだ。
まるで、灯《ひ》がついたようだ。
だども、あれは、
とちの木《き》の後《うし》ろにちょうど
月《つき》が出《で》てきて、えだの間《あいだ》に
星《ほし》が光《ひか》ってるんだ。
そこに雪《ゆき》がふってるから、
㋐明《あ》かりがついたように
見《み》えるんだべ。」
と言《い》って、
㋑小屋《こや》の中《なか》へ入《はい》ってしまった。

※だども…けれども

2

だから、豆太《まめた》は、
その後《あと》は知《し》らない。
医者様《いしゃさま》のてつだいをして、
かまどに まきをくべたり、
湯《ゆ》をわかしたりなんだり（などして）、
いそがしかったからな。

（令和二年度版　光村図書　国語　三下　あおぞら　斎藤《さいとう》　隆介《りゅうすけ》）

1

(1) 医者様《いしゃさま》は、モチモチの木《き》に㋐明《あ》かりがついたように見《み》えるわけを、どのように説明《せつめい》しましたか。

木《き》の後《うし》ろに［　　］が出《で》てきて、えだの間《あいだ》に［　　］が光《ひか》っている。そこに［　　］がふってるから。

(2) ㋑小屋《こや》の中《なか》へ入《はい》ってしまったのはだれですか。

［　　］

2

(1) 豆太《まめた》は、医者様《いしゃさま》の手《て》つだいをして、何《なに》をしましたか。二《ふた》つ書《か》きましょう。

［　　］
［　　］

※「モチモチの木」の教材は、令和二年度版　東京書籍　新しい国語　三下・教育出版　ひろがる言葉　小学国語　三下　にも掲載されています。

# モチモチの木《き》 (7)

次《つぎ》の文章《ぶんしょう》を二回《にかい》読《よ》んで、答《こた》えましょう。

名前

弱虫《よわむし》でも、やさしけりゃ

でも、次《つぎ》の朝《あさ》、
はらいたがなおって
元気《げんき》になったじさまは、
医者様《いしゃさま》の帰《かえ》った後《あと》で、こう言《い》った。
「おまえは、山《やま》の神様《かみさま》の祭《まつ》りを
見《み》たんだ。モチモチの木《き》には、
灯《ひ》がついたんだ。
おまえは、一人《ひとり》で、夜道《よみち》を
医者様《いしゃさま》よびに行《い》けるほど、勇気《ゆうき》の
ある子《こ》どもだったんだからな。
自分《じぶん》で自分《じぶん》を弱虫《よわむし》だなんて思《おも》うな。
人間《にんげん》、やさしささえあれば、
やらなきゃならねえことは、
きっとやるもんだ。
それを見《み》て、他人《たにん》がびっくら
するわけよ。は、は、は。」
――それでも豆太《まめた》は、じさまが
元気《げんき》になると、㋐そのばんから、
「じさまぁ。」
と、しょんべんに
じさまを起《お》こしたとさ。

（令和二年度版 光村図書 国語 三下 あおぞら 斎藤《さいとう》 隆介《りゅうすけ》）

(1) じさまは、はらいたがなおって、どうなりましたか。

(2) じさまが、豆太《まめた》に、言《い》ったこと、三《みっ》つに○をつけましょう。

（　）豆太《まめた》は、山《やま》の神様《かみさま》の祭《まつ》りを見《み》た。

（　）豆太《まめた》には勇気《ゆうき》がない。

（　）モチモチの木《き》には灯《ひ》がついた。

（　）豆太《まめた》は、一人《ひとり》で医者様《いしゃさま》をよびに行《い》ける、勇気《ゆうき》のある子《こ》どもだ。

(3) じさまが元気《げんき》になると、㋐そのばんから豆太《まめた》は、何《なに》をしましたか。

「じさまぁ。」と、しょんべんに　＿＿＿＿　を　＿＿＿＿　とさ。

※「モチモチの木」の教材は、令和二年度版 東京書籍 新しい国語 三下・教育出版 ひろがる言葉 小学国語 三下 にも掲載されています。

# ぼくが　ここに

名前

● 次《つぎ》の詩《し》を二回《にかい》読《よ》んで、答《こた》えましょう。

## ぼくが　ここに

まど・みちお

1

ぼくが　ここに　いるとき
ほかの　どんなものも
ぼくに　かさなって
ここに　いることは　できない

2

もしも　ゾウが　ここに　いるならば
そのゾウだけ
マメが　いるならば
その一《ひと》つぶの　マメだけ
しか　ここに　いることは　できない

3

ああ　このちきゅうの　うえでは
こんなに　だいじに
まもられているのだ
どんなものが　どんなところに
いるときにも

4

その「いること」こそが
㋐なににも　まして
すばらしいこと　として

（令和二年度版　東京書籍　新しい国語　三下　まど・みちお）

(1) 1を読《よ》んで、□に言葉《ことば》を書《か》きましょう。

ぼくが　□　に　いるとき
ほかの　どんなものも
□　に　かさなって
□　に　いることは
できない

(2) 2に出《で》てくる　小《ちい》さなものを二文字《にもじ》で書《か》きましょう。

□□

(3) 3を読《よ》んで、□に言葉《ことば》を書《か》きましょう。

この　□　の
うえでは　こんなに　だいじに
□　いるのだ

(4) 4の㋐なににも　まして　すばらしいこと　は、どんなことですか。文中《ぶんちゅう》から四文字《よんもじ》で書《か》き出《だ》しましょう。

□□□□

# 人《ひと》をつつむ形《かたち》 (1)

## ―世界《せかい》の家《いえ》めぐり

名前

● 次《つぎ》の文章《ぶんしょう》を二回《にかい》読《よ》んで、答《こた》えましょう。

1

わたしは、
世界中《せかいじゅう》を
㋐たずねて、
人《ひと》がいて家《いえ》がある
という風景《ふうけい》を、
たくさん写真《しゃしん》に
とってきました。

2

ボリビアには、
高《たか》さ三千五百《さんぜんごひゃく》メートルの
高原《こうげん》に、㋑どんぐりのような
形《かたち》の家《いえ》がありました。
塩分《えんぶん》の多《おお》いこの土地《とち》に、
しっかりと根《ね》をはる
草《くさ》があります。
人々《ひとびと》は、根《ね》のはった土《つち》を
ブロック形《がた》に切《き》り出《だ》して、
つみ上《あ》げて家《いえ》をつくります。

(令和二年度版　東京書籍　新しい国語　三下　小松《こまつ》　義夫《よしお》)

1

(1) ㋐たずねてと、同《おな》じことを表《あらわ》す方《ほう》に、○をつけましょう。

(　) 人《ひと》に道《みち》をたずねる。

(　) 友《とも》だちの家《いえ》をたずねる。

(2) わたしは、どんな風景《ふうけい》を写真《しゃしん》にとってきましたか。

[　　　] がいて [　　　] が
あるという風景《ふうけい》。

2

(1) ㋑どんぐりのような形《かたち》の家《いえ》は、ボリビアのどこにありましたか。

高《たか》さ三千五百《さんぜんごひゃく》メートルの [　　　]。

(2) 人々《ひとびと》は、何《なに》をブロックの形《かたち》に切《き》り出《だ》して、家《いえ》をつくりますか。○をつけましょう。

(　) しっかりと根《ね》をはる草《くさ》。

(　) 根《ね》のはった土《つち》。

# 人《ひと》をつつむ形《かたち》 (2)

## ——世界《せかい》の家《いえ》めぐり

名前

● 次《つぎ》の文章《ぶんしょう》を二回《にかい》読《よ》んで、答《こた》えましょう。

1

ルーマニアでは、森《もり》の近《ちか》くの村《むら》に、屋根《やね》まで木《き》の板《いた》でできている家《いえ》がありました。その屋根《やね》には、まぶたがついた人間《にんげん》の目《め》のような、㋐けむり出《だ》しのまどがついています。冬《ふゆ》は雪《ゆき》が多《おお》いので、雪《ゆき》が落《お》ちやすいように、屋根《やね》のかたむきを大《おお》きくしています。

2

どの家《いえ》も、その土地《とち》のとくちょうや人々《ひとびと》のくらしに合《あ》わせて、地元《じもと》にあるざいりょうを使《つか》い、くふうしてつくられています。

(令和二年度版　東京書籍　新しい国語　三下　小松《こまつ》　義夫《よしお》)

1

(1) 屋根《やね》まで木《き》の板《いた》でできている家《いえ》はルーマニアの、どこにありましたか。

［　　　］の近《ちか》くの［　　　］

(2) ㋐けむり出《だ》しのまどについて答《こた》えましょう。

① 家《いえ》の、どこについていますか。

［　　　］

② どんな様子《ようす》のまどですか。

まぶたがついた［　　　］のようなまど。

2

(1) どの家《いえ》も、何《なに》に合《あ》わせてつくられていますか。□に言葉《ことば》を書《か》きましょう。

その□□の□□□□□や人々《ひとびと》の□□□。

# 人《ひと》をつつむ形《かたち》（3）

## ——世界《せかい》の家《いえ》めぐり

名前

● 次《つぎ》の文章《ぶんしょう》を二回《にかい》読《よ》んで、答《こた》えましょう。

1

大草原《だいそうげん》の白《しろ》い家《いえ》——モンゴル

見《み》わたすかぎりの草原《そうげん》に
㋐点々《てんてん》と白《しろ》いものがあります。
近《ちか》づくと、それは何《なに》かを
つつんだような
形《かたち》をしているのが
分《わ》かります。
羊《ひつじ》や馬《うま》を放牧《ほうぼく》して
くらす人々《ひとびと》の家《いえ》、㋑ゲルです。

2

ゲルは、移動《いどう》できる
組《く》み立《た》て式《しき》の家《いえ》で、水《みず》を手《て》に
入《い》れやすく、羊《ひつじ》や馬《うま》が食《た》べる
草《くさ》が生《は》える所《ところ》にたてられます。
家《いえ》のほね組《ぐ》みは木《き》でできていて、
そのほね組《ぐ》みを㋒フェルトで
おおうと、すぐに家《いえ》を
組《く》み立《た》てることができます。
フェルトは羊《ひつじ》の毛《け》で
できているため、きびしい冬《ふゆ》の
寒《さむ》さをしのぐことができます。

（令和二年度版　東京書籍　新しい国語　三下　小松《こまつ》　義夫《よしお》）

1

(1) 草原《そうげん》にある、㋐点々《てんてん》と白《しろ》いものは何《なん》ですか。文中《ぶんちゅう》の二文字《にもじ》で書《か》きましょう。

□□

(2) ㋑ゲルは、何《なに》をしてくらす人々《ひとびと》の家《いえ》ですか。

［　　　　］してくらす人々《ひとびと》の家《いえ》。

2

(1) ゲルについて、正《ただ》しいもの二《ふた》つに○をつけましょう。

（　）移動《いどう》できる組《く》み立《た》て式《しき》の家《いえ》。
（　）家《いえ》は、すべて木《き》でできている。
（　）羊《ひつじ》や馬《うま》が食《た》べる草《くさ》が生《は》える所《ところ》にたてられる。

(2) 家《いえ》のほね組《ぐ》みを㋒フェルトでおおうと、どんなことができますか。

［　　　　］をしのぐことができる。

# ゆうすげ村《むら》の小《ちい》さな旅館《りょかん》 ——ウサギのダイコン （1）

名　前

● 次《つぎ》のあらすじと文章《ぶんしょう》を二回《にかい》読《よ》んで、答《こた》えましょう。

ゆうすげ村《むら》に、ゆうすげ旅館《りょかん》という一《いっ》けんの小《ちい》さな旅館《りょかん》があります。つぼみさんという年取《としと》ったおかみさんが、一人《ひとり》で旅館《りょかん》を切《き》りもりしていました。わか葉《ば》のきせつ、ゆうすげ旅館《りょかん》に工事《こうじ》の人《ひと》がとまりに来《き》て、ひさしぶりに六人《ろくにん》ものたいざいのお客《きゃく》さんがありました。つぼみさんは大《おお》いそがし。

ある日《ひ》、「だれか、手《て》つだってくれる人《ひと》がいないかしら。」と、ついひとり言《ごと》を言《い》うと、次《つぎ》の日《ひ》の朝《あさ》、色白《いろじろ》のぽっちゃりとしたむすめがウサギダイコンを入《い》れたかごを持《も》ってやってきて、「畑《はたけ》をかりている宇佐見《うさみ》のむすめ、美月《みづき》です。」と名《な》のりました。むすめはくるくるとよくはたらき、ゆうすげ旅館《りょかん》を手《て》つだいました。

1

㋐またたく間《ま》に、二週間《にしゅうかん》がすぎて、たいざいのお客《きゃく》さんたちは、仕事《しごと》が終《お》わり、ゆうすげ旅館《りょかん》を引きあげていくことになりました。

㋑お客《きゃく》さんが帰《かえ》って、後《あと》かたづけがすむと、むすめはおずおずとエプロンを外《はず》しました。

※たいざい…何日《なんにち》もとまること。
※おずおずと…おそるおそる。

2

㋐「それじゃあ、わたしも、そろそろおいとまします。」

「えっ、もう帰《かえ》ってしまうの。」

㋒つぼみさんががっかりすると、むすめは、下《した》を向《む》きました。
※おいとま…帰《かえ》ること。仕事《しごと》をやめること。

（令和二年度版　東京書籍　新しい国語　三下　茂市《もいち》　久美子《くみこ》）

1

(1) ㋐またたく間《ま》と同《おな》じ意味《いみ》を表《あらわ》すものに、○をつけましょう。

（　）ゆっくりと長《なが》い時間《じかん》。

（　）とても短《みじか》い間《あいだ》。

(2) ㋑お客《きゃく》さんが帰《かえ》って、後《あと》かたづけがすむとむすめは何《なに》をしましたか。

おずおずと［　　　　］を外《はず》しました。

2

(1) ㋐の言葉《ことば》は、だれが言《い》った言葉《ことば》ですか。

［　　　　］

(2) ㋒つぼみさんは、どんなことに、がっかりしたのですか。

むすめがもう［　　　　］しまうこと。

# ゆうすげ村《むら》の小《ちい》さな旅館《りょかん》
## ——ウサギのダイコン　(2)

名前

● 次《つぎ》の文章《ぶんしょう》を二回《にかい》読《よ》んで、答《こた》えましょう。

1

「畑《はたけ》のダイコンが、
今《いま》、㋐ちょうど、
とり入《い》れどきなんです。
父《とう》さん一人《ひとり》じゃ
たいへんだから。
しゅうかくがおくれると、
まほうのきき目《め》が、
なくなってしまうんです。」

※しゅうかく…農作物《のうさくもつ》をとり入《い》れること。

2

「㋑まほうのきき目《め》って？」
「耳《みみ》がよくなる
まほうです。
夜《よる》は、
星《ほし》の歌《うた》も
聞《き》こえるんですよ。
山《やま》のみんなは、
ウサギダイコンがとれるのを
今《いま》か今《いま》かと待《ま》ってるんです。」

（令和二年度版　東京書籍　新しい国語　三下　茂市《もいち》　久美子《くみこ》）

1

(1) 畑《はたけ》のダイコンは、今《いま》、㋐ちょうど、どんなときですか。

(2) ダイコンのしゅうかくがおくれると、なくなってしまうものは、何《なん》ですか。

2

(1) ㋑まほうとは、どんなまほうですか。

［　　　］が［　　　］なるまほう。

(2) 山《やま》のみんなは、何《なに》がとれるのを待《ま》っていますか。文中《ぶんちゅう》から七文字《しちもじ》で書《か》き出《だ》しましょう。

# ゆうすげ村《むら》の小《ち》さな旅館《りょかん》 (3)
## ――ウサギのダイコン

名前

● 次《つぎ》の文章《ぶんしょう》を二回《にかい》読《よ》んで、答《こた》えましょう。

登場人物《とうじょうじんぶつ》　むすめ・つぼみさん

1

（まあ。だから、
お客《きゃく》さんも
わたしも、
㋐急《きゅう》に耳《みみ》がよくなったんだ。）
つぼみさんは、
大《おお》きくうなずきました。
あ「じゃあ、引《ひ》き止《と》める
わけにはいかないわねえ。」

※引《ひ》き止《と》める…（帰《かえ》ろうとするのを）止《と》める。

2

つぼみさんが、これまでの
おきゅうりょうのふくろを
わたそうとすると、むすめは、
それを両手《りょうて》でおし返《かえ》しました。
「とんでもない。畑《はたけ》を
かりているお礼《れい》です。」
それから、むすめは、
㋑おじぎをすると、
にげるように
帰《かえ》っていきました。

（令和二年度版　東京書籍　新しい国語　三下　茂市《もいち》　久美子《くみこ》）

1

(1) ㋐急《きゅう》に耳《みみ》がよくなったんだと同じことを表《あらわ》す文《ぶん》に、○をつけましょう。

（　）よく聞《き》こえるようになった。

（　）急《きゅう》に聞《き》こえなくなる。

(2) あの言葉《ことば》はだれが言《い》った言葉《ことば》ですか。

［　　　　　　］

2

(1) つぼみさんは、むすめに、何《なに》をわたそうとしましたか。○をつけましょう。

（　）畑《はたけ》をかりているお礼《れい》。

（　）おきゅうりょうのふくろ。

(2) むすめは、㋑おじぎをするとどんな様子《ようす》で帰《かえ》っていきましたか。文中《ぶんちゅう》から書《か》き出《だ》しましょう。

［　　　　　　］ように帰《かえ》っていきました。

# ゆうすげ村《むら》の小《ちい》さな旅館《りょかん》 ――ウサギのダイコン　(4)

名前

● 次《つぎ》の文章《ぶんしょう》を二回《にかい》読《よ》んで、答《こた》えましょう。

1

よく日《じつ》、つぼみさんは町《まち》に出《で》かけて、むすめのために花《はな》がらのエプロンを買《か》うと、㋐それを持《も》って山《やま》の畑《はたけ》に出《で》かけました。

（ここに来《く》るのは、何年《なんねん》ぶりかしら。エプロン、㋑気《き》に入《い》ってくれるといいけど。）

2

畑《はたけ》について、つぼみさんの目《め》にとびこんできたのは、二《に》ひきのウサギでした。

（たいへん、ウサギが、畑《はたけ》をあらしているわ！）

でも、すぐに、つぼみさんは、そうではないことに気《き》がつきました。

（令和二年度版　東京書籍　新しい国語　三下　茂市《もいち》　久美子《くみこ》）

1

(1) つぼみさんは町《まち》で、だれのためにエプロンを買《か》いましたか。

〔　　　　〕

(2) ㋐それとは、何《なん》のことですか。

〔花がらの□□□□〕

(3) エプロンを、だれが㋑気《き》に入《い》ってくれるといいのですか。

□□□

2

(1) 畑《はたけ》で、つぼみさんの目《め》にとびこんできたのは、何《なん》でしたか。

〔　　　　〕

(2) 二《に》ひきのウサギは、畑《はたけ》をあらしていましたか。あらしていませんでしたか。正《ただ》しいほうに○をつけましょう。

（　）畑《はたけ》をあらしていました。

（　）畑《はたけ》をあらしていませんでした。

# ゆうすげ村《むら》の小《ちい》さな旅館《りょかん》
## ――ウサギのダイコン　(5)

名前

● 次《つぎ》の文章《ぶんしょう》を二回《にかい》読《よ》んで、答《こた》えましょう。

1

二《に》ひきは、ダイコンをぬいて
いるところだったのです。
（そういうことだったの……。）
　つぼみさんは、
畑《はたけ》のダイコンに見《み》とれました。
あおあおとした
葉《は》っぱの下《した》から、
雪《ゆき》のようにまっ白《しろ》な根《ね》が
顔《かお》を出《だ》しています。

※見《み》とれました…感心《かんしん》してじっと見《み》る。

2

（山《やま》のよい空気《くうき》と水《みず》で、
　ウサギさんたちが、
　㋐たんせいこめて
　育《そだ》てたダイコンだもの、
　どんなダイコンより
　おいしいはずだわ。）
　つぼみさんは、エプロンの
つつみに「美月《みづき》さんへ」と
書《か》いて畑《はたけ》におき、こっそりと
帰《かえ》っていきました。

（令和二年度版　東京書籍　新しい国語　三下　茂市《もいち》　久美子《くみこ》）

1

(1) 二《に》ひきは、何《なに》をしているところでしたか。

［　　］を［　　］ところ。

(2) 次《つぎ》の□にあう言葉《ことば》を書《か》きましょう。

あおあおとした［　　］の
［　　］から［　　］のように
［　　］な［　　］が
顔《かお》を出《だ》しています。

2

(1) ㋐たんせいこめてと同《おな》じ意味《いみ》を表《あらわ》すものに○をつけましょう。

（　）山《やま》の空気《くうき》と水《みず》をこめて。
（　）心《こころ》をこめて。

(2) ㋐たんせいこめたのは、だれですか。

［　　］

(3) つぼみさんは、どんな様子《ようす》で帰《かえ》っていきましたか。

帰《かえ》っていきました。
［　　］と

# ゆうすげ村《むら》の小《ちい》さな旅館《りょかん》 (6)

## ――ウサギのダイコン

名前

● 次《つぎ》の文章《ぶんしょう》を二回《にかい》読《よ》んで、答《こた》えましょう。

1

よく朝《あさ》、ゆうすげ旅館《りょかん》の
台所《だいどころ》の外《そと》には、㋐一《ひと》かかえほどの
ダイコンがおいてあり、
こんな手紙《てがみ》が
そえられていました。

2

『すてきなエプロン、
ありがとうございました。
きのう、㋑おかみさんが畑《はたけ》に
来《き》たのが、足音《あしおと》で
分《わ》かったのですが、
㋒父《とう》さんもわたしも、
ウサギのすがたを
見《み》られるのが、何《なん》だか
はずかしくて、知《し》らんぷり
してしまいました。
いそがしくなったら、また、
お手《て》つだいに行《い》きます。
どうぞ、お元気《げんき》で。
ウサギの美月《みづき》より。』

（令和二年度版　東京書籍　新しい国語　三下　茂市《もいち》　久美子《くみこ》）

1

(1) ㋐一《ひと》かかえほどとは、どのぐらいですか。○をつけましょう。

（　）両方《りょうほう》のうでいっぱいにかかえるほど。

（　）山《やま》のように高《たか》くつみあげるほど。

2

(1) 美月《みづき》は、㋑おかみさんが畑《はたけ》に来《き》たのが、何《なん》で分《わ》かったのですか。

［　　　　］

(2) ㋒父《とう》さんもわたしも、何《なに》を見《み》られるのがはずかしかったのですか。文中《ぶんちゅう》の言葉《ことば》で書《か》きましょう。

［　　　　］

(3) この手紙《てがみ》は、①だれが、②だれに書《か》きましたか。

① だれ（が）［　　　　］の［　　　　］が

② だれ（に）［　　　　］に

# くらしと絵《え》文《も》字《じ》 (1)

名前

● 次《つぎ》のあらすじと文章《ぶんしょう》を二回《にかい》読《よ》んで、答《こた》えましょう。

つたえたいことを色《いろ》と形《かたち》にして、見《み》ただけでわかるようにした記号《きごう》を、絵《え》文《も》字《じ》といいます。絵《え》文《も》字《じ》が、むかしからたくさん使《つか》われているのはなぜでしょうか。絵《え》文《も》字《じ》の第一《だいいち》の特長《とくちょう》は、その絵《え》を見《み》たしゅんかんに、その意味《いみ》がわかることです。

1

絵《え》文《も》字《じ》の第二《だいに》の特長《とくちょう》は、つたえる相手《あいて》に親《した》しみや楽《たの》しさを感《かん》じさせる、ということです。

2

(オ)の絵《え》文《も》字《じ》は、万国博覧会《ばんこくはくらんかい》など、人《ひと》がどっと集《あつ》まる場所《ばしょ》でつかわれたものです。ないている子《こ》どもが「まいご」を表《あらわ》していることは、すぐわかりますね。「お子《こ》さんがまいごになったかたや、まいごを見《み》つけたかたは、どうぞこちらへれんらくしてください。」という、やさしい心《こころ》づかいがつたわってくるように思《おも》われます。

(オ)

（令和二年度版　教育出版　ひろがる言葉　小学国語　三下　太田《おおた》　幸夫《ゆきお》）

1

(1) 絵《え》文《も》字《じ》の第二《だいに》の特長《とくちょう》を、文中《ぶんちゅう》の言葉《ことば》を使《つか》って書《か》きましょう。

つたえる相手《あいて》に［　　　］や［　　　］を感《かん》じさせる、ということ。

2

(1) (オ)の絵《え》文《も》字《じ》は、どんなところで使《つか》われましたか。

人《ひと》が［　　　］場所《ばしょ》。

(2) (オ)の絵《え》文《も》字《じ》は、何《なに》を表《あらわ》していますか。

［　　　］

(3) (オ)の絵《え》文《も》字《じ》から、何《なに》がつたわってくるように思《おも》われますか。文中《ぶんちゅう》の八文字《はちもじ》で書《か》きましょう。

［　　　　　　　　］

# くらしと絵文字《えもじ》 (2)

名前

● 次《つぎ》の文章《ぶんしょう》を二回《にかい》読《よ》んで、答《こた》えましょう。

動物《どうぶつ》の足《あし》あとの絵文字《えもじ》をたどっていくと、その動物《どうぶつ》に会《あ》える㋐動物園《どうぶつえん》もできました。㋑道《みち》に記《しる》された、動物《どうぶつ》の足《あし》あとをたどっていくのです。

子《こ》どもたちは、たんけんをしているような楽《たの》しさを感《かん》じることでしょう。

㋕の絵文字《えもじ》は、アメリカのある動物園《どうぶつえん》のものです。

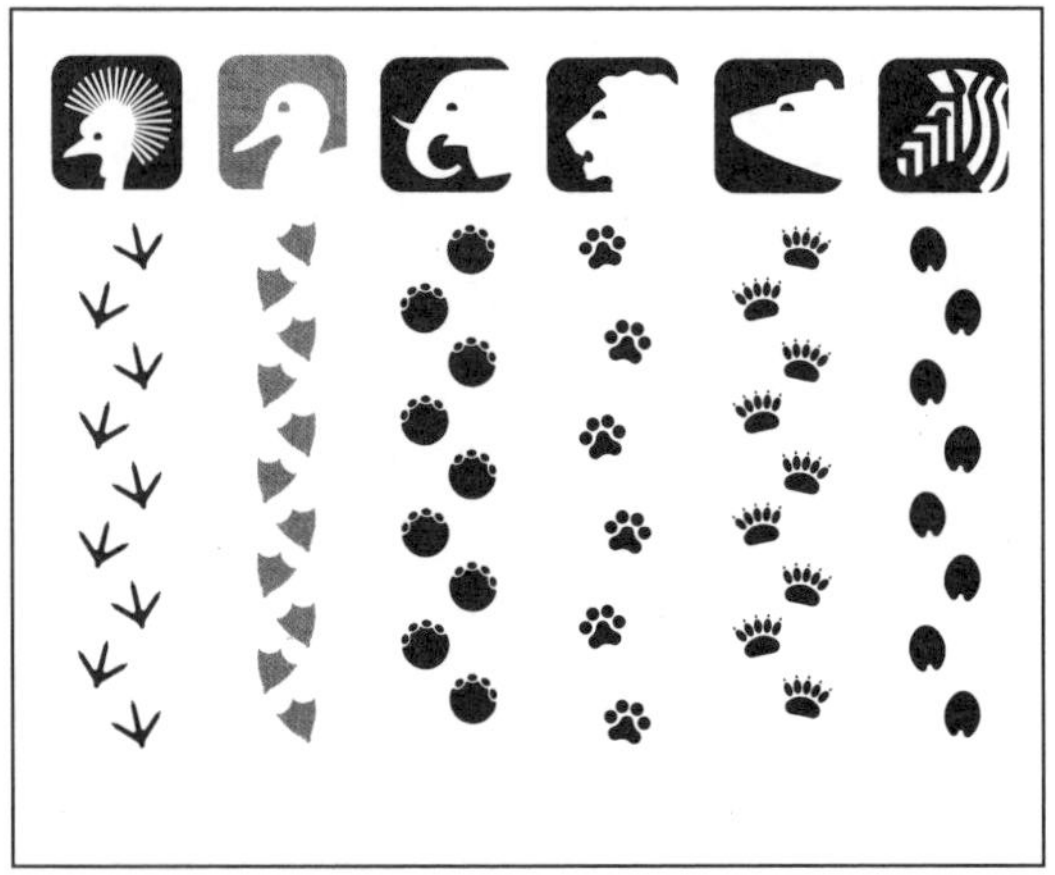

(カ)

（令和二年度版　教育出版　ひろがる言葉　小学国語　三下　太田《おおた》　幸夫《ゆきお》）

(1) どんな㋐動物園《どうぶつえん》ができましたか。□に言葉《ことば》を書《か》きましょう。

動物《どうぶつ》の□の□をたどっていくとその動物《どうぶつ》に□動物園《どうぶつえん》。

(2) ㋑道《みち》に記《しる》された、何《なに》をたどっていくのですか。

(3) 子《こ》どもたちは、どんなことを感《かん》じますか。〇をつけましょう。

（　）たんけんをすることのたいへんさ。

（　）たんけんをしているような楽《たの》しさ。

(4) ㋕の絵文字《えもじ》は、どの国《くに》の動物園《どうぶつえん》のものですか。

# くらしと絵文字《えもじ》 (3)

名前

● 次《つぎ》の文章《ぶんしょう》を二回《にかい》読《よ》んで、答《こた》えましょう。

1

絵文字《えもじ》の第三《だいさん》の特長《とくちょう》は、その意味《いみ》が言葉《ことば》や年《ねん》れいなどのちがいをこえてわかる、ということです。

2

(キ)

デパートや映画館《えいがかん》などで、(キ)のような絵文字《えもじ》を見《み》たことがあるでしょう。この絵文字《えもじ》は、日本全国《にほんぜんこく》から集《あつ》まった三千点《さんぜんてん》をこえるデザインの中《なか》から、けむりの中《なか》での見《み》え方《かた》の実験《じっけん》などを行《おこな》って、えらばれたものです。

（令和二年度版　教育出版　ひろがる言葉　小学国語　三下　太田《おおた》　幸夫《ゆきお》）

1

(1) 絵文字《えもじ》の第三《だいさん》の特長《とくちょう》を、文中《ぶんちゅう》の言葉《ことば》を使《つか》って書《か》きましょう。

その意味《いみ》が［　　］や［　　］などのちがいをこえてわかる、ということ。

2

(1) (キ)の絵文字《えもじ》はどのようなところで見《み》かけますか。文中《ぶんちゅう》の言葉《ことば》で二《ふた》つ答《こた》えましょう。（習《なら》っていない漢字《かんじ》はひらがなで書《か》きましょう。）

(2) (キ)の絵文字《えもじ》について書《か》いてあることに、○をつけましょう。

（　）デパートや映画館《えいがかん》などで、お客《きゃく》さんにえらばれた。

（　）けむりの中《なか》での見《み》え方《かた》の実験《じっけん》を行《おこな》って、えらばれた。

# くらしと絵文字《えもじ》 (4)

名前

● 次《つぎ》の文章《ぶんしょう》を二回《にかい》読《よ》んで、答《こた》えましょう。

1

この絵文字《えもじ》は、
こくさい会議《かいぎ》でも、
いちばんよいと
されました。
「じしんや火事《かじ》のときは、
ここからにげなさい。」
ということが、外国《がいこく》の人々《ひとびと》にも、
おさない子《こ》どもたちにも
㋐すぐわかります。

(キ)

2

言葉《ことば》や年《ねん》れいなどの
ちがう人《ひと》でも、
絵文字《えもじ》をつかえば、
つたえたいことが
同《おな》じようにわかるのです。

(令和二年度版　教育出版　ひろがる言葉　小学国語　三下　太田《おおた》　幸夫《ゆきお》)

1 ㋐すぐわかりますについて、答《こた》えましょう。

① どんなことが、わかりますか。

「じしんや火事《かじ》のときは、［　　　　］。」
ということがすぐわかります。

② だれに、わかりますか。文中《ぶんちゅう》の言葉《ことば》で、二《ふた》つ書《か》きましょう。

［　　　　］　［　　　　］

2 上《うえ》の文章《ぶんしょう》を読《よ》んで、□にあてはまる言葉《ことば》を書《か》きましょう。

［　　　　］や［　　　　］などの
ちがう人《ひと》でも、
［　　　　］をつかえば、
つたえたいことが
同《おな》じようにわかるのです。

# くらしと絵《え》文字《もじ》 (5)

名前

● 次《つぎ》の文章《ぶんしょう》を二回《にかい》読《よ》んで、答《こた》えましょう。

1

絵文字《えもじ》の特長《とくちょう》を
このように考《かんが》えてくると、
わたしたちのくらしの中《なか》で、
絵文字《えもじ》がたくさん
つかわれている理由《りゆう》が
㋐はっきりしてきます。

※特長《とくちょう》…とくによいところ

2

これからの
わたしたちのくらしは、
外国《がいこく》との交流《こうりゅう》をぬきにしては
なり立《た》ちません。
おおぜいの人《ひと》が
海外《かいがい》を旅行《りょこう》したり、
日本《にほん》に来《き》たりします。
これまで以上《いじょう》に
たくさんの
品物《しなもの》やじょうほうも、
世界中《せかいじゅう》を行《い》きかいます。
絵文字《えもじ》は、さまざまな場面《ばめん》で、
大切《たいせつ》な役《やく》わりを
はたすことになります。

※交流《こうりゅう》…たがいに行《い》き来《き》すること。
※じょうほう…ある物事《ものごと》の様子《ようす》を知《し》らせること。

（令和二年度版　教育出版　ひろがる言葉　小学国語　三下　太田《おおた》　幸夫《ゆきお》）

1

(1) 絵文字《えもじ》の特長《とくちょう》を考《かんが》えると、何《なに》が、㋐はっきりしてきますか。

わたしたちのくらしの中《なか》で
［　　　　］が
つかわれている
［　　　　］が
はっきりしてきます。

2

(1) これからのわたしたちのくらしは、何《なに》をぬきにしては、なり立《た》ちませんか。

［　　　　］との［　　　　］

(2) ひっしゃの考《かんが》えと、合《あ》うものに、○をつけましょう。

（　）絵文字《えもじ》は外国《がいこく》との交流《こうりゅう》の場面《ばめん》で役《やく》に立《た》たない。

（　）絵文字《えもじ》は、わたしたちのくらしの中《なか》で、使《つか》われなくなる。

（　）絵文字《えもじ》は、さまざまなくらしの場面《ばめん》で、大切《たいせつ》な役《やく》わりをはたすことになる。

# おにたのぼうし（1）

名前

● 次《つぎ》のあらすじと文章《ぶんしょう》を二回《にかい》読《よ》んで、答《こた》えましょう。

節分《せつぶん》の夜《よる》、まこと君《くん》が豆《まめ》まきを始《はじ》めました。「福《ふく》はあ内《うち》。おにはあ外《そと》。」と、いりたての豆《まめ》を家中《いえじゅう》にまいて、さらに物置《ものおき》小屋《ごや》にもまくことにしました。この物置《ものおき》小屋《ごや》には、「おにた」という、気《き》のいい小《ちい》さな黒《くろ》おにの子《こ》どもが住《す》んでいました。おにたは豆《まめ》まきの音《おと》を聞《き》きながら、「人間《にんげん》っておかしいな。おには悪《わる》いって、決《き》めているんだから。」と思《おも》いました。そして、角《つの》かくしの古《ふる》い麦《むぎ》わらぼうしをかぶって、物置小屋《ものおきごや》を出《で》ていきました。粉雪《こなゆき》がふる中《なか》、おにたは、豆《まめ》のにおいのしない家《いえ》をみつけ、そろりと中《なか》に入《はい》りました。そして、てんじょうのはりの上《うえ》にかくれました。

1

部屋《へや》のまん中《なか》に、
うすいふとんが
しいてあります。
ねているのは、
女《おんな》の子《こ》の
お母《かあ》さんでした。

2

女《おんな》の子《こ》は、新《あたら》しい雪《ゆき》で
ひやしたタオルを、
お母《かあ》さんのひたいに
のせました。

※ひたい…おでこ

（令和二年度版　教育出版　ひろがる言葉　小学国語　三下　あまんきみこ）

1

(1) 部屋《へや》のまん中《なか》にしいてあるのは、どんなふとんですか。

[　　　　] ふとん。

(2) ねているのは、だれのお母《かあ》さんですか。

[　　　　] のお母《かあ》さん

2

(1) 女《おんな》の子《こ》は、どんなタオルを、お母《かあ》さんのひたいにのせましたか。

[　　　　] で [　　　　] タオル。

# おにたのぼうし (2)

名前

● 次《つぎ》の文章《ぶんしょう》を二回《にかい》読《よ》んで、答《こた》えましょう。

女《おんな》の子《こ》は、雪《ゆき》でひやしたタオルを、お母《かあ》さんのひたいにのせました。

1

すると、お母《かあ》さんが、
㋐ねってうるんだ目《め》を
うっすらと開《あ》けて
言《い》いました。

2

あ「おなかがすいたでしょう?」
女《おんな》の子《こ》は、
はっとしたように
くちびるをかみました。
でも、けんめいに顔《かお》を
横《よこ》にふりました。
そして、
い「いいえ、すいてないわ。」
と答《こた》えました。

※けんめいに…いっしょうけんめい。
せいいっぱい。

(令和二年度版　教育出版　ひろがる言葉　小学国語　三下　あまんきみこ)

1

(1) ㋐ねってうるんだ目《め》から、お母《かあ》さんの、どんな様子《ようす》がわかりますか。○をつけましょう。

(　)ねつが高《たか》くて、つらい様子《ようす》。

(　)ねむくて、あくびをたくさんしている様子《ようす》。

2

(1) あの言葉《ことば》は、①だれが、②だれに言《い》った言葉《ことば》ですか。

① だれ(が)　[　　　　]が

② だれ(に)　[　　　　]に

(2) いの言葉《ことば》を言《い》ったときの、女《おんな》の子《こ》の気持《きも》ちとして、考《かんが》えられるものに、○をつけましょう。

(　)おなかがすいているけれど、お母《かあ》さんに心配《しんぱい》をかけたくない。

(　)ほんとうに、おなかはすいていないから、聞《き》かないでほしい。

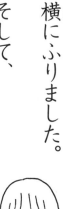

# おにたのぼうし (3)

名前

● 次《つぎ》の文章《ぶんしょう》を二回《にかい》読《よ》んで、答《こた》えましょう。

女《おんな》の子《こ》は「いいえ、(おなかは) すいてないわ。」
と答《こた》えました。

1

あ「あたし、さっき、食《た》べたの。
あのねえ……、
あのねえ……、お母《かあ》さんが
ねむっている時《とき》。」
と話《はな》しだしました。
い「ア知《し》らない男《おとこ》の子《こ》が、
持《も》ってきてくれたの。
あったかい赤《あか》ごはんと、
うぐいす豆《まめ》よ。今日《きょう》は
節分《せつぶん》でしょう。だから、
ごちそうがあまったって。」

2

お母《かあ》さんは、
ほっとしたようにうなずいて、
また、とろとろねむって
しまいました。すると、
女《おんな》の子《こ》が、フーッと長《なが》い
ため息《いき》をつきました。

(令和二年度版　教育出版　ひろがる言葉　小学国語　三下　あまんきみこ)

1

(1) あといの言葉《ことば》は、同《おな》じ人《ひと》が言《い》った言葉《ことば》です。①だれが、②だれに言《い》った言葉《ことば》ですか。

① だれ(が)　[　　　　] が

② だれ(に)　[　　　　] に

(2) ア知《し》らない男《おとこ》の子《こ》が、何《なに》を持《も》ってきてくれたと言《い》っていますか。

あったかい [　　　　] と [　　　　]。

2

(1) 女《おんな》の子《こ》からごはんを食《た》べた話《はなし》を聞《き》いて、お母《かあ》さんは、どのようにうなずきましたか。

[　　　　] ようにうなずいた。

# おにたのぼうし (4)

名前

● 次《つぎ》の文章《ぶんしょう》を二回《にかい》読《よ》んで、答《こた》えましょう。

女《おんな》の子《こ》が、長《なが》いため息《いき》をつきました。

1

おにたは、なぜか、せなかがむずむずするようで、じっとしていられなくなりました。

㋐、こっそりはりをつたって、台所《だいどころ》に行《い》ってみました。

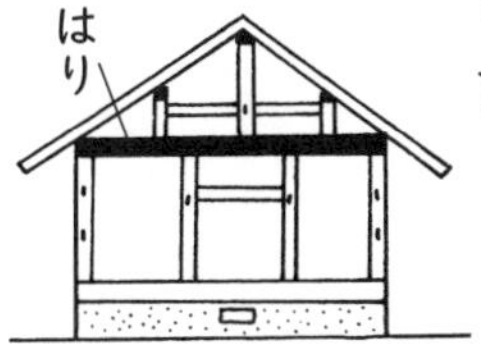


※はり……柱《はしら》の上《うえ》にわたして、屋根《やね》の重《おも》みをささえる横木《よこぎ》

2

(あ)「ははあん――。」

台所《だいどころ》は、かんからかんにかわいています。米《こめ》つぶ一《ひと》つありません。大根一切《だいこんひとき》れありません。

「あの子《こ》、何《なに》も食《た》べちゃいないんだ。」

おにたは、もうむちゅうで、台所《だいどころ》のまどのやぶれた所《ところ》から、寒《さむ》い外《そと》へとび出《だ》していきました。

(令和二年度版　教育出版　ひろがる言葉　小学国語　三下　あまんきみこ)

1

(1) ㋐に入《はい》る言葉《ことば》に○をつけましょう。

(　)それで

(　)そのうえ

(2) じっとしていられなくなったおにたは、どこに行《い》ってみましたか。

2

(1) (あ)の言葉《ことば》は、だれが言《い》った言葉《ことば》ですか。

(2) おにたは台所《だいどころ》の様子《ようす》を見《み》て、どんなことに、気《き》がつきましたか。

女《おんな》の子《こ》が

こと。

# おにたのぼうし (5)

名前

● 次《つぎ》の文章《ぶんしょう》を二回《にかい》読《よ》んで、答《こた》えましょう。

1

それからしばらくして、入《い》り口《ぐち》をトントンとたたく音《おと》がします。

あ「今《いま》ごろ、だれかしら？」

女《おんな》の子《こ》が出《で》ていくと、雪《ゆき》まみれの麦《むぎ》わらぼうしを深《ふか》くかぶったア男《おとこ》の子《こ》が立《た》っていました。

そして、ふきんをかけたおぼんのような物《もの》をさし出《だ》したのです。

2

い「節分《せつぶん》だから、ごちそうがあまったんだ。」

おにたは、一生《いっしょう》けんめい、さっきイ女《おんな》の子《こ》が言《い》ったとおりに言《い》いました。

（令和二年度版　教育出版　ひろがる言葉　小学国語　三下　あまんきみこ）

1

(1) 入《い》り口《ぐち》をたたく音《おと》を文中《ぶんちゅう》から四文字《よんもじ》で書《か》き出《だ》しましょう。

□□□□

(2) あの言葉《ことば》は、だれが言《い》った言葉《ことば》ですか。

（　　　　）

(3) ア男《おとこ》の子《こ》は、どんな様子《ようす》でしたか。□に言葉《ことば》を書《か》きましょう。

（　　　　）の（　　　　）を深《ふか》くかぶった男《おとこ》の子《こ》。

2

(1) いの言葉《ことば》は、だれが、だれに言《い》った言葉《ことば》ですか。○をつけましょう。

（　）女《おんな》の子《こ》がおにたに言《い》った。

（　）おにたが女《おんな》の子《こ》に言《い》った。

(2) イ女《おんな》の子《こ》が言《い》ったとおりに、おにたが言《い》った言葉《ことば》を書《か》きましょう。

（　　　　）だから（　　　　）があまったんだ。

# おにたのぼうし (6)

名前

● 次《つぎ》の文章《ぶんしょう》を二回《にかい》読《よ》んで、答《こた》えましょう。

男《おとこ》の子《こ》が、ふきんをかけたおぼんのような物《もの》をさし出《だ》したのです。
「節分《せつぶん》だから、ごちそうがあまったんだ。」

1

女《おんな》の子《こ》はびっくりして、
もじもじしました。
「あたしにくれるの？」
そっと㋐ふきんを取《と》ると、
温《あたた》かそうな赤《あか》ごはんと、
うぐいす色《いろ》のに豆《まめ》が、
湯気《ゆげ》をたてています。
女《おんな》の子《こ》の顔《かお》が、
ぱっと赤《あか》くなりました。
そして、にこっとわらいました。

※もじもじ…はずかしがったり、まよったりするようす。

2

女《おんな》の子《こ》がはしを持《も》ったまま、
ふっと何《なに》か考《かんが》えこんでいます。
(あ)「どうしたの？」
おにたが㋑心配《しんぱい》になってきくと、
(い)「もう、みんな、豆《まめ》まき
すんだかな、と思《おも》ったの。」
と答《こた》えました。

（令和二年度版　教育出版　ひろがる言葉　小学国語　三下　あまんきみこ）

1

(1) ㋐ふきんを取《と》ると、何《なに》が湯気《ゆげ》をたてていましたか。二《ふた》つ書《か》きましょう。

(2) ふきんを取《と》った時《とき》の、女《おんな》の子《こ》の様子《ようす》を、文中《ぶんちゅう》の言葉《ことば》で二《ふた》つ書《か》きましょう。

顔《かお》が

2

(1) (あ)と(い)の言葉《ことば》は、だれが言《い》った言葉《ことば》ですか。

(あ)

(い)

(2) おにたは、なぜ、㋑心配《しんぱい》になったのですか。〇をつけましょう。

（　）女《おんな》の子《こ》がはしを持《も》っていなかったから。
（　）女《おんな》の子《こ》が考《かんが》えこんでいたから。

# おにたのぼうし (7)

名前

● 次《つぎ》の文章《ぶんしょう》を二回《にかい》読《よ》んで、答《こた》えましょう。

1　とう場人物《じょうじんぶつ》　おにた・女《おんな》の子《こ》

Ⓐ「あたしも、豆《まめ》まき、
　したいなあ。」

Ⓘ「なんだって？」

おにたはとび上《あ》がりました。

Ⓤ「だって、おにが来《く》れば、
きっと、お母《かあ》さんの病気《びょうき》が
悪《わる》くなるわ。」

おにたは、手《て》をだらんと
下《さ》げて、ふるふるっと、［㋐］
身《み》ぶるいして言《い》いました。

Ⓔ「おにだって、
いろいろあるのに。
おにだって㋑……。」

2

氷《こおり》がとけたように、
急《きゅう》におにたが
いなくなりました。
あとには、
あの麦《むぎ》わらぼうしだけが、
ぽつんとのこっています。

（令和二年度版　教育出版　ひろがる言葉　小学国語　三下　あまんきみこ）

1

(1) ⓐⓘⓤⓔの言葉《ことば》は、だれが言《い》った言葉《ことば》ですか。

Ⓐ ＿＿＿＿

Ⓘ ＿＿＿＿

Ⓤ ＿＿＿＿

Ⓔ ＿＿＿＿

(2) ［㋐］に入る言葉《ことば》に、○をつけましょう。

（　）うれしそうに

（　）悲《かな》しそうに

(3) ㋑……。で、おにたが言《い》いたかった言葉《ことば》を考《かんが》えて、書《か》きましょう。

＿＿＿＿

2

(1) おにたは、どんなふうに、急《きゅう》にいなくなりましたか。

［　　　　］ように

(2) おにたがいなくなったあとには、何《なに》がのこっていましたか。

＿＿＿＿

# ちいちゃんのかげおくり（1）

名前

● 次《つぎ》の文章《ぶんしょう》を二回《にかい》読《よ》んで、答《こた》えましょう。

「かげおくり」って
あそびを
ちいちゃんに
おしえてくれたのは、
おとうさんでした。
　しゅっせいする　まえの日《ひ》、
おとうさんは、
ちいちゃん、おにいちゃん、
おかあさんを　つれて、
せんぞの　㋐はかまいりに
いきました。
　そのかえりみち、
青《あお》い　空《そら》を　見上《みあ》げた
おとうさんが
㋑つぶやきました。
「かげおくりの
よくできそうな
空《そら》だなあ。」

※しゅっせい…ぐんたいに入《はい》って、いくさ（せんそう）にいくこと。

（あかね書房　一九八二年発行　ちいちゃんのかげおくり　あまん　きみこ）

(1) 「かげおくり」というあそびを、①だれが、②だれに、おしえてくれましたか。

① だれ（が）
［　　　　］が

② だれ（に）
［　　　　］に
おしえてくれた。

(2) いつ、㋐はかまいりにいきましたか。

［　　　　］する
まえの日《ひ》。

(3) ㋐はかまいりは、何人《なんにん》で行《い》きましたか。

［　　　　］人《にん》

(4) おとうさんは、何《なん》と㋑つぶやきましたか。

［　　　　］の　よく
できそうな
［　　　　］だなあ。

# ちいちゃんのかげおくり（2）

名前

● 次《つぎ》の文章《ぶんしょう》を二回《にかい》読《よ》んで、答《こた》えましょう。

おとうさんは、ちいちゃん、おにいちゃん、おかあさんをつれて、せんぞのはかまいりにいきました。


㋐「えっ、かげおくり？」

と、おにいちゃんがききかえしました。

㋑「かげおくりって、なあに？」

と、ちいちゃんもたずねました。

「とお、かぞえるあいだ、かげぼうしを　じっと見《み》つめるのさ。とお、といったら、空《そら》を　見上《みあ》げる。すると、かげぼうしが　そっくり　空《そら》に　うつってみえる。」

と、おとうさんがせつめいしました。

「とうさんや　かあさんが（ア）子《こ》どものときに、よくあそんだものさ。」
㋒「ね。いま、みんなでやってみましょうよ。」
と、おかあさんが　よこからいいました。

※かげぼうし…光《ひかり》が当《あ》たって、かべや地面《じめん》などにうつる、人《ひと》のかげ。

（あかね書房　一九八二年発行　ちいちゃんのかげおくり　あまん　きみこ）

(1) ㋐の言葉《ことば》は、だれが言《い》った言葉《ことば》ですか。

(2) ㋑の言葉《ことば》は、だれが言《い》った言葉《ことば》ですか。

(3) かげおくりのせつ明《めい》です。じゅんばんどおりになるように、（　）に1・2・3の数字《すうじ》を書《か》きましょう。

（　）かげぼうしが、空《そら》にうつって見《み》える。

（　）とお、かぞえるあいだ、かげぼうしをじっと見つめる。

（　）とお、といったら、空《そら》を見上《みあ》げる。

(4) だれが、（ア）子《こ》どものとき、よくあそんだのですか。

［　　　］や［　　　］が子《こ》どものとき。

(5) ㋒の言葉《ことば》は、だれが言《い》った言葉《ことば》ですか。

# ちいちゃんのかげおくり (3)

名前

● 次《つぎ》の文章《ぶんしょう》を二回《にかい》読《よ》んで、答《こた》えましょう。

はかまいりのかえりみち、おとうさんが、「かげおくり」というあそびをおしえてくれました。

ちいちゃんと
おにいちゃんを　中《なか》にして、
㋐四人《よにん》は　手《て》を
つなぎました。
　そして、みんなで
かげぼうしに、
㋑目《め》を　おとしました。
「まばたきしちゃ、だめよ。」
と、おかあさんが
㋒ちゅういしました。
「まばたきしないよ。」
　ちいちゃんと
おにいちゃんが
㋓やくそくしました。

（あかね書房　一九八二年発行　ちいちゃんのかげおくり　あまん　きみこ）

(1) ㋐四人《よにん》とは、だれのことですか。

(2) ㋑目《め》を　おとしましたと、同《おな》じことを表《あらわ》すもの一《ひと》つに、○をつけましょう。

（　）きょろきょろしました。
（　）下《した》を見《み》ました。
（　）見上《みあ》げました。

(3) 何《なに》をしたらだめだと、おかあさんは、㋒ちゅういしましたか。

(4) だれと、だれが、㋓やくそくしましたか。

と

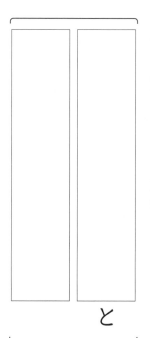

# ちいちゃんのかげおくり (4)

名前

● 次《つぎ》の文章《ぶんしょう》を二回《にかい》読《よ》んで、答《こた》えましょう。

㋐「ひとーつ、ふたーつ、みーっつ。」
と、おとうさんが
かぞえだしました。
㋑「よーっつ、いつーつ、むーっつ。」
と、おかあさんの　こえも、
かさなりました。
㋒「なーなつ、やーっつ、
ここのーつ。」
ちいちゃんと　おにいちゃんも、
いっしょに　かぞえだしました。
「とお!」
目《め》の　うごきと
いっしょに、
白《しろ》い　四《よっ》つの
かげぼうしが、
Ⓐすうっと　空《そら》に
上《あ》がりました。

（あかね書房　一九八二年発行　ちいちゃんのかげおくり　あまん　きみこ）

(1) ㋐の言葉《ことば》は、だれが言《い》った言葉《ことば》ですか。

(2) ㋑の言葉《ことば》は、だれと、だれが言《い》った言葉《ことば》ですか。

　　　　と

(3) ㋒の言葉《ことば》は、何人《なんにん》で言《い》っていますか。

　　　　人《にん》

(4) Ⓐすうっと空《そら》に上《あ》がったものは、何《なん》ですか。

# ちいちゃんのかげおくり (5)

名前

● 次《つぎ》のあらすじと文章《ぶんしょう》を二回《にかい》読《よ》んで、答《こた》えましょう。

おとうさんがしゅっせいするまえの日《ひ》、はかまいりのかえりみちに、「かげおくり」というあそびをしています。

Ⓐ「すごーい。」
と、おにいちゃんが
いいました。
Ⓘ「すごーい。」
と、ちいちゃんも　いいました。
Ⓤ「きょうの、
きねんしゃしんだなあ。」
と、おとうさんが　いいました。
「大《おお》きな
㋐きねんしゃしんだこと。」
と、おかあさんが　いいました。

（あかね書房　一九八二年発行　ちいちゃんのかげおくり　あまん　きみこ）

(1) Ⓐは、だれが言《い》った言葉《ことば》ですか。

(2) Ⓘは、だれが言《い》った言葉《ことば》ですか。

(3) Ⓤは、だれが言《い》った言葉《ことば》ですか。

(4) ㋐きねんしゃしんと、ありますが、何《なん》のきねんでしょうか。○をつけましょう。

（　）おとうさんが、しゅっせいするまえの、かぞくがそろったきねん。

（　）まいにちとっている、きねんのしゃしん。

# ちいちゃんのかげおくり (6)

名前

● 次《つぎ》の文章《ぶんしょう》を二回《にかい》読《よ》んで、答《こた》えましょう。
はかまいりのあとに、「かげおくり」
というあそびをしました。

㋐つぎの日《ひ》。
おとうさんは、白《しろ》い
たすきを　かたから
ななめに　かけ、
㋑日《ひ》の丸《まる》の　はたに
おくられて、
れっしゃに
のりました。
(あ)「からだの　よわい
おとうさんまで
いくさに　いかなければ
ならないなんて。」
おかあさんが　ぽつんと
いったのが、ちいちゃんの
耳《みみ》には　きこえました。

(あかね書房　一九八二年発行　ちいちゃんのかげおくり　あまん　きみこ)

(1) 何《なに》の　㋐つぎの日《ひ》ですか。○を
つけましょう。

（　）れっしゃに　のった
つぎの日《ひ》。

（　）かげおくりを　した
つぎの日《ひ》。

(2) ㋑日《ひ》の丸《まる》の　はたに　おくられて
とは、どんな様子《ようす》ですか。○を
つけましょう。

（　）あつまった人《ひと》が、日《ひ》の丸《まる》の
はたをふって、おとうさんを
見《み》おくる様子《ようす》。

（　）おとうさんが、日《ひ》の丸《まる》の
はたをもらって、
れっしゃにのった様子《ようす》。

(3) (あ)の言葉《ことば》を言《い》った、お母《かあ》さんの
気《き》もちに　あてはまるものに、
○をつけましょう。

（　）からだのよわいおとうさん
にも、がんばっていくさに
いってほしい気《き》もち。

（　）からだのよわいおとうさん
には、いくさにいって
ほしくない気《き》もち。

# ちいちゃんのかげおくり (7)

名前

● 次《つぎ》の文章《ぶんしょう》を二回《にかい》読《よ》んで、答《こた》えましょう。

おとうさんは、ちいちゃんとおにいちゃんに、「かげおくり」というあそびを、おしえてくれました。

ちいちゃんと
おにいちゃんは、
かげおくりをして
あそぶように　なりました。
ばんざいをした
かげおくり。
かた手《て》を　上《あ》げた
かげおくり。
足《あし》を　ひらいた
かげおくり。
いろいろな　かげを
空《そら》に　おくりました。

（あかね書房　一九八二年発行　ちいちゃんのかげおくり　あまん　きみこ）

(1) 「かげおくり」を　おしえてくれたのは　だれですか。○をつけましょう。

（　）おとうさん
（　）おかあさん

(2) ちいちゃんとおにいちゃんは、どんなかげおくりをしてあそびましたか。三《みっ》つ書《か》きましょう。

［　　　　］かげおくり。
［　　　　］かげおくり。
［　　　　］かげおくり。

# ちいちゃんのかげおくり (8)

名前

● 次《つぎ》の文章《ぶんしょう》を二回《にかい》読《よ》んで、答《こた》えましょう。

　けれど、いくさが
はげしくなって、
かげおくりなど
できなくなりました。
　この町《まち》の　空《そら》にも、
しょういだんや
ばくだんを
つんだ　ひこうきが
とんでくるように
なりました。
　そうです。ひろい　空《そら》は
たのしい　ところではなく、
とても　こわい　ところに
かわりました。

※しょういだん…たてものや　まわりを
やきはらう　ばくだん。

（あかね書房　一九八二年発行　ちいちゃんのかげおくり　あまん　きみこ）

(1) なぜ、かげおくりなど、できなくなったのですか。

いくさが　[　　　]
なったから。

(2) どんなひこうきが、とんでくるようになりましたか。

[　　　]や　[　　　]を
つんだ　ひこうき

(3) ひろい空《そら》は、どのようにかわりましたか。[　]にあてはまる言葉《ことば》を書《か》きましょう。

ひろい　空《そら》は　[　　　]　ところでは
なく、とても　[　　　]
ところに　かわりました。

# ちいちゃんの かげおくり (9)

名前

● 次《つぎ》の文章《ぶんしょう》を二回《にかい》読《よ》んで、答《こた》えましょう。

なつの　はじめの　ある夜《よ》、
くうしゅうけいほうの
サイレンで、
㋐ちいちゃんたちは
㋑目《め》が　さめました。
(あ)「さあ、いそいで。」
おかあさんの　こえ。
そとに　出《で》ると、
もう、㋒あかい　火《ひ》が
あちこちに
あがっていました。

※くうしゅうけいほう…ひこうきでのてきの　こうげきの　しらせ。

（あかね書房　一九八二年発行　ちいちゃんのかげおくり　あまん　きみこ）

(1) ㋐ちいちゃんたちとは、だれの　ことですか。○をつけましょう。

（　）ちいちゃんと、おとうさんと、おかあさん

（　）ちいちゃんと、おかあさんと、おにいちゃん

(2) ちいちゃんたちは、なぜ、㋑目が　さめたのですか。

［　　　　］

(3) (あ)は、①だれが、②だれと、言《い》った言葉《ことば》ですか。

① だれ（が）　［　　　　］が

② だれ（と）　［　　　　］と

おにいちゃんに　言《い》った言葉《ことば》。

(4) ㋒と同《おな》じ様子《ようす》を表《あらわ》すほうに、○をつけましょう。

（　）ばくだんがおちて、あちこちで家《いえ》がもえている様子《ようす》。

（　）あかい花火《はなび》が、空《そら》の上《うえ》でひろがっている様子《ようす》。

# ちいちゃんのかげおくり ⑽

名前

● 次《つぎ》の文章《ぶんしょう》を二回《にかい》読《よ》んで、答《こた》えましょう。

そとに出《で》ると、もう、あかい　火《ひ》が
あちこちに　あがっていました。

おかあさんは、
ちいちゃんと
おにいちゃんを
りょう手《て》に
つないで
はしりました。
かぜの　つよい日《ひ》でした。
㋐「こっちに　火《ひ》が　まわるぞ。」
「川《かわ》のほうに　にげるんだ。」
だれかが　さけんでいます。
㋑かぜが
あつくなってきました。
ほのおの　うずが
おいかけてきます。

（あかね書房　一九八二年発行　ちいちゃんのかげおくり　あまん　きみこ）

⑴ おかあさんは、ちいちゃんと、おにいちゃんを、どのようにして　はしりましたか。

〔　　　　　　　　〕はしりました。

⑵ ㋑こっちに　火《ひ》がまわるぞとは、どんな様子《ようす》ですか。○をつけましょう。

（　）空《そら》の上《うえ》で、もえている火《ひ》が、くるくると　まわっている。

（　）ちいちゃんたちの　いるほうに、火《ひ》が　もえうつってくる。

⑶ ㋑かぜが　あつくなってきました。から、どんなことがわかりますか。○をつけましょう。

（　）火《ひ》が　ちいちゃんたちに　ちかづいてきたこと。

（　）なつの　あつい日《ひ》だ　と　いうこと。

# ちいちゃんのかげおくり(11)

名前

● 次《つぎ》の文章《ぶんしょう》を二回《にかい》読《よ》んで、答《こた》えましょう。

おかあさんは、ちいちゃんを
だきあげて　はしりました。
あ「おにいちゃん、
はぐれちゃだめよ。」
おにいちゃんが
ころびました。
足《あし》から　血《ち》が　出《で》ています。
ひどい　けがです。
おかあさんは、
おにいちゃんを
おんぶしました。
い「さあ、ちいちゃん、
かあさんと
しっかり　はしるのよ。」

※はぐれる…いっしょに　いた人《ひと》を
みうしなうこと。

（あかね書房　一九八二年発行　ちいちゃんのかげおくり　あまん　きみこ）

(1) おかあさんは、だれを
だきあげてはしりましたか。

(2) ころんだのは、だれですか。

(3) おかあさんは、だれを
おんぶしましたか。

(4) あといの言葉《ことば》は、お母《かあ》さんが
言《い》った言葉《ことば》です。どんな気《き》もちで
言《い》いましたか。○をつけましょう。

(　)おにいちゃんも、ちいちゃんも、
おかあさんと　いっしょぐらい
はやく　はしれるか
たのしみだな。

(　)おにいちゃんも、ちいちゃんも、
ぜったいに　いくさから
まもりたい。

# ちいちゃんのかげおくり (12)

名前

● 次《つぎ》の文章《ぶんしょう》を二回《にかい》読《よ》んで、答《こた》えましょう。

「さあ、ちいちゃん、かあさんとしっかり
はしるのよ。」と、おかあさんはいいました。

けれど、たくさんの人《ひと》に
おいぬかれたり、
ぶつかったり……、
ちいちゃんは、
おかあさんと　㋐はぐれました。
「おかあちゃん、
おかあちゃん。」
㋑ちいちゃんは　さけびました。
そのとき、
㋒しらない
おじさんが
いいました。
「おかあちゃんは、
あとから　くるよ。」
その　おじさんは、
ちいちゃんを　だいて
はしってくれました。

（あかね書房　一九八二年発行　ちいちゃんのかげおくり　あまん　きみこ）

(1) ちいちゃんは、なぜ
おかあさんと　㋐はぐれましたか。

たくさんの人《ひと》に ＿＿＿ したから。

(2) ㋑ちいちゃんはさけびました。と
ありますが、このときの、ちいちゃんの
気《き》もちを考《かんが》えて書《か》きましょう。

(3) ㋒しらないおじさんは、何《なん》といいましたか。文中《ぶんちゅう》から書《か》き出《だ》しましょう。

(4) ㋒しらないおじさんは、ちいちゃんに、
何《なに》を　してくれましたか。

ちいちゃんを ＿＿＿
はしってくれました。

# ちいちゃんのかげおくり ⑬

名前

● 次《つぎ》の文章《ぶんしょう》を二回《にかい》読《よ》んで、答《こた》えましょう。

ちいちゃんは、おかあさんとはぐれました。

　くらい　はしの下《した》に、
たくさんの人《ひと》が
あつまっていました。
　ちいちゃんの　目《め》に、
おかあさんらしい人《ひと》が
㋐見《み》えました。
Ⓐ「おかあちゃん。」
と、ちいちゃんが　さけぶと、
おじさんは、
Ⓘ「見《み》つかったかい、よかった、
　よかった。」
と、おろしてくれました。
　でも、㋑その人《ひと》は、
おかあさんでは
ありませんでした。
　ちいちゃんは、
ひとりぼっちに
なりました。
　ちいちゃんは、㋒たくさんの
人《ひと》たちの中《なか》で　ねむりました。

（あかね書房　一九八二年発行　ちいちゃんのかげおくり　あまん　きみこ）

(1) ちいちゃんの目《め》に、何《なに》が
㋐見《み》えましたか。

(2) Ⓐの言葉《ことば》はだれが言《い》った
言葉《ことば》ですか。

(3) Ⓘの言葉《ことば》はだれが言《い》った
言葉《ことば》ですか。

(4) ㋑その人《ひと》はだれでしたか。
○をつけましょう。
（　）ちいちゃんのおかあさん
（　）おかあさんらしい人《ひと》

(5) ちいちゃんは、どこで
㋒ねむりましたか。

の中《なか》

# ちいちゃんのかげおくり ⒁

名前

● 次《つぎ》の文章《ぶんしょう》を二回《にかい》読《よ》んで、答《こた》えましょう。

あさに　なりました。
町《まち》の　ようすは、すっかり
かわっています。
あちこち、けむりが
のこっています。
㋐どこが　うちなのか……。
「ちいちゃんじゃないの？」
という　㋑こえ。
ふりむくと、はすむかいの
うちの　おばさんが
立《た》っています。

※はすむかい…ななめまえ

（あかね書房　一九八二年発行　ちいちゃんのかげおくり　あまん　きみこ）

⑴ 町《まち》のようすは、どうなっていますか。

すっかり ＿＿＿＿ 。
あちこち、＿＿＿＿ が
のこっています。

⑵ ㋐どこが　うちなのかと思《おも》ったのは、だれですか。

＿＿＿＿

⑶ だれの　㋑こえ　でしたか。

＿＿＿＿

# ちいちゃんのかげおくり ⒂

名前

● 次《つぎ》の文章《ぶんしょう》を二回《にかい》読《よ》んで、答《こた》えましょう。

㋐「おかあちゃんは？
おにいちゃんは？」
と、おばさんが
たずねました。
ちいちゃんは、なくのを
やっと　こらえて、いいました。
㋑「おうちのとこ。」
㋒「そう、おうちに
もどっているのね。
おばちゃん、いまから
かえる　ところよ。
いっしょに　いきましょうか。」
おばさんは、ちいちゃんの
手《て》を　つないでくれました。
Ⓐ二人《ふたり》は　あるきだしました。

※こらえる…がまんする

（あかね書房　一九八二年発行　ちいちゃんのかげおくり　あまん　きみこ）

(1) ㋐の言葉《ことば》は、だれが言《い》った言葉《ことば》ですか。

(2) ㋑の言葉《ことば》は、だれが言《い》った言葉《ことば》ですか。

(3) ㋒の言葉《ことば》は、だれが言《い》った言葉《ことば》ですか。

(4) Ⓐ二人《ふたり》とは、だれとだれのことですか。

と

# ちいちゃんのかげおくり ⑯

名前

● 次《つぎ》の文章《ぶんしょう》を二回《にかい》読《よ》んで、答《こた》えましょう。

いえは、やけおちて
なくなっていました。
(あ)「ここが　おにいちゃんと
あたしの　へや。」
ちいちゃんが
しゃがんでいると、
おばさんが
やってきて
いいました。
(い)「おかあちゃんたち、ここに
かえってくるの？」
ちいちゃんは、㋐ふかく
うなずきました。
「じゃあ、だいじょうぶね。
あのね、おばちゃんは、
いまから、おばちゃんの
おとうさんの　うちに
いくからね。」
ちいちゃんは、また
ふかく　うなずきました。

（あかね書房　一九八二年発行　ちいちゃんのかげおくり　あまん　きみこ）

(1) いえは、どうなっていましたか。

いえは、（　　　）て（　　　）いました。

(2) (あ)の言葉《ことば》は、だれが言《い》った言葉《ことば》ですか。

（　　　）

(3) (い)の言葉《ことば》は、だれが言《い》った言葉《ことば》ですか。

（　　　）

(4) ちいちゃんは、㋐ふかく　うなずきました。とありますが、このときのちいちゃんの気《き》もちを考《かんが》えて書《か》きましょう。

（　　　）

# ちいちゃんのかげおくり (17)

名前

● 次《つぎ》の文章《ぶんしょう》を二回《にかい》読《よ》んで、答《こた》えましょう。

ちいちゃんは、はすむかいのおばさんと、おうちのところにいきました。

その夜《よ》。
ちいちゃんは、
ざつのうの中《なか》に　入《い》れてある
ほしいいを　すこし
たべました。
そして、こわれかかった
くらい　ぼうくうごうの中《なか》で
ねむりました。
㋐(おかあちゃんと
おにいちゃんは、
きっと　かえってくるよ。)

※ざつのう…いろいろなものを　入《い》れて
かたから　かける　かばん。
※ほしいい…たいた米《こめ》を　ほして
かわかしたもの。
※ぼうくうごう…
ひこうきからの　てきのこうげき
から　みをまもるために　じめんを
ほって作《つく》ったあな。

(あかね書房　一九八二年発行　ちいちゃんのかげおくり　あまん　きみこ)

(1) ちいちゃんは、何《なに》を食《た》べましたか。

ざつのうの中《なか》に入《い》れてある ＿＿＿＿

(2) ちいちゃんは、どこでねむりましたか。

こわれかかった　くらい ＿＿＿＿ の中《なか》

(3) ㋐(おかあちゃんと　おにいちゃんは、きっと　かえってくるよ。)と思《おも》っているのは、だれですか。

＿＿＿＿

# ちいちゃんのかげおくり (18)

名前

● 次《つぎ》の文章《ぶんしょう》を二回《にかい》読《よ》んで、答《こた》えましょう。

おばちゃんとわかれた夜《よる》、ちいちゃんは、ほしいいをすこしたべて、こわれかかったぼうくうごうの中《なか》でねむりました。

くもった　あさが　きて、
ひるが　すぎ、
また、くらい　よるが
きました。
ちいちゃんは、
ざつのうの中《なか》の　ほしいいを、
また　すこし　かじりました。
そして、こわれかかった
ぼうくうごうの中《なか》で
ねむりました。

（あかね書房　一九八二年発行　ちいちゃんのかげおくり　あまん　きみこ）

(1) □に、「あさ」・「ひる」・「よる」の中《なか》の、あてはまる言葉《ことば》を書《か》きましょう。

くもった　□が　きて、
□が　すぎ、
また、くらい　□が
きました。

(2) おばちゃんとわかれてから、ちいちゃんは、どのようにすごしましたか。じゅんばんになるように1・2・3のすう字《じ》を（　）に書《か》きましょう。

（　）あさがきて、ひるがすぎ、よるがきました。

（　）おばちゃんとわかれた夜《よる》、ほしいいを　すこしたべて、ぼうくうごうの中《なか》でねむりました。

（　）ほしいいを、また　すこしかじって、ぼうくうごうの中《なか》でねむりました。

# ちいちゃんのかげおくり ⒆

名前

● 次《つぎ》の文章《ぶんしょう》を二回《にかい》読《よ》んで、答《こた》えましょう。

あかるい　ひかりが
かおに　あたって、
目《め》が　さめました。
（まぶしいな。）
ちいちゃんは、
あついような　さむいような
気《き》がしました。
ひどく　のどが
かわいています。
いつのまにか、たいようは、
たかく　上《あ》がっていました。

（あかね書房　一九八二年発行　ちいちゃんのかげおくり　あまん　きみこ）

(1) ㋐まぶしいな。と思《おも》ったのは、だれですか。

(2) なぜ、㋐まぶしいな。と思《おも》ったのですか。

(3) ちいちゃんは、どんな㋑気《き》がしましたか。

[　　　]ような
[　　　]ような
気《き》がしました。

(4) ㋒ひどく　のどが　かわいているのはなぜですか。○をつけましょう。

（　）あかるい　ひかりが　かおにあたったから。
（　）水《みず》を　のんでいないから。

# ちいちゃんのかげおくり ⑳

名前

● 次《つぎ》の文章《ぶんしょう》を二回《にかい》読《よ》んで、答《こた》えましょう。

あかるいひかりがかおにあたって
ちいちゃんは目《め》がさめました。

そのとき、
Ⓐ「かげおくりの　よく
できそうな　空《そら》だなあ。」
という、㋐おとうさんの
こえが、青《あお》い　空《そら》から
ふってきました。
Ⓘ「ね。いま、みんなで
やってみましょうよ。」
という　おかあさんの
こえも、青《あお》い　空《そら》から
ふってきました。
ちいちゃんは、
ふらふらする
足《あし》を　ふみしめて
立《た》ちあがると、
㋑たったひとつの　かげぼうしを
見《み》つめながら、
かぞえだしました。

（あかね書房　一九八二年発行　ちいちゃんのかげおくり　あまん　きみこ）

(1) Ⓐの言葉《ことば》は、だれが言《い》った言葉《ことば》ですか。

(2) ㋐おとうさんの　こえが。青《あお》い　空《そら》から　ふってきました。と　おなじことを　あらわしている　ものに　○をつけましょう。

（　）ちいちゃんは、おとうさんの　こえが　きこえた気《き》がした。

（　）おとうさんが、たかい　ところから　ちいちゃんに　はなしかけていた。

(3) Ⓘの言葉《ことば》は、だれが言《い》った言葉《ことば》ですか。

(4) ㋑たったひとつの　かげぼうしは、だれの　かげぼうしですか。

# ちいちゃんのかげおくり ⑵⑴

名前

● 次《つぎ》の文章《ぶんしょう》を二回《にかい》読《よ》んで、答《こた》えましょう。

ちいちゃんは、たったひとつのかげぼうしを見《み》つめながら、かぞえだしました。

「ひとーつ、ふたーつ、みーっつ。」
いつのまにか、おとうさんの
ひくい　こえが、
㋐かさなって
きこえだしました。
「よーっつ、いつーつ、むーっつ。」
おかあさんの　たかい
こえも、それに　㋑かさなって
きこえだしました。
「ななーつ、やーっつ、
ここのーつ。」
おにいちゃんの
わらいそうな
こえも、
㋒かさなってきました。

（あかね書房　一九八二年発行　ちいちゃんのかげおくり　あまん　きみこ）

⑴ ㋐のかさなってのとき、だれのこえが、ちいちゃんのこえと、かさなって　きこえだしましたか。

［　　　］

⑵ ㋑のかさなってのとき、おとうさんと、ちいちゃんと、だれのこえが、かさなって　きこえだしましたか。

［　　　］

⑶ ㋒のかさなってのとき、だれのこえが、かさなってきましたか。

［　　　］

⑷ おとうさん、おかあさん、おにいちゃんのこえは、どんなこえですか。上《うえ》と下《した》を——線《せん》でむすびましょう。

① おとうさん・　　・たかいこえ
② おかあさん・　　・わらいそうなこえ
③ おにいちゃん・　　・ひくいこえ

# ちいちゃんのかげおくり ⑵2

名前

● 次《つぎ》の文章《ぶんしょう》を二回《にかい》読《よ》んで、答《こた》えましょう。

「とお！」
　ちいちゃんが　空《そら》を
見上《みあ》げると、青《あお》い　空《そら》に、
くっきりと　㋐白《しろ》い　かげが
四《よっ》つ。
「おとうちゃん。」
　ちいちゃんは
よびました。
(あ)「おかあちゃん、
　おにいちゃん。」
　そのとき、からだが
すうっと　すきとおって、
空《そら》に　㋑すいこまれていくのが
わかりました。

（あかね書房　一九八二年発行　ちいちゃんのかげおくり　あまん　きみこ）

(1) ㋐白《しろ》いかげが　四《よっ》つとありますが、だれのかげですか。

(2) (あ)「おかあちゃん、おにいちゃん。」といったのは、だれですか。

(3) ㋑すいこまれては、①だれが、②どこにすいこまれていきましたか。

① だれ（が）
　　が

② どこ（に）
　　に　すいこまれて
いくのがわかりました。

# ちいちゃんのかげおくり ⑵3

名前

● 次《つぎ》の文章《ぶんしょう》を二回《にかい》読《よ》んで、答《こた》えましょう。

いちめんの　空《そら》のいろ。
ちいちゃんは、
空《そら》いろの
㋐花《はな》ばたけの中《なか》に
立《た》っていました。
見《み》まわしても
見《み》まわしても、
花《はな》ばたけ。
（きっと、㋑ここ、空《そら》の上《うえ》よ。）
と、ちいちゃんは
おもいました。
（ああ、あたし、
おなかが　すいて、
かるくなったから
ういたのね。）

（あかね書房　一九八二年発行　ちいちゃんのかげおくり　あまん　きみこ）

⑴ ちいちゃんは、どんな㋐花《はな》ばたけの中《なか》に　立《た》っていましたか。

［　　　　］の花《はな》ばたけの中《なか》。

⑵ ちいちゃんは、㋑ここを、どこだと思《おも》いましたか。

［　　　　］

⑶ ちいちゃんは、なぜ、㋑ここにきたと　思《おも》いましたか。文中《ぶんちゅう》から書《か》き出《だ》しましょう。

ああ、あたし、［　　　　］、［　　　　］から［　　　　］のね。

# ちいちゃんのかげおくり ⑵4

名前

● 次《つぎ》の文章《ぶんしょう》を二回《にかい》読《よ》んで、答《こた》えましょう。

　そのとき、むこうから、
おとうさんと　おかあさんと
おにいちゃんが、わらいながら
㋐あるいてくるのが
見《み》えました。
（なあんだ。みんな　こんな
ところに　いたから、
こなかったのね。）
　ちいちゃんは、
㋑きらきら　わらいだしました。
わらいながら、
花《はな》ばたけの中《なか》を
㋒はしりだしました。

（あかね書房　一九八二年発行　ちいちゃんのかげおくり　あまん　きみこ）

⑴ おとうさんと　おかあさんと　おにいちゃんは、どんなふうに㋐あるいてきましたか。

あるいてくるのが見《み》えました。

⑵ ちいちゃんは、㋑きらきら　わらいだしました。とありますが、なぜ、きらきらわらいだしたのですか。あなたが考《かんが》えたことを書《か》きましょう。

⑶ ちいちゃんは、どこにむかって㋒はしりだしましたか。あなたが考《かんが》えたことを書《か》きましょう。

# ちいちゃんの　かげおくり　(25)

名前

● 次《つぎ》の文章《ぶんしょう》を二回《にかい》読《よ》んで、答《こた》えましょう。

1

なつの　はじめの　ある朝《あさ》。
こうして、
㋐小《ちい》さな　女《おんな》の子《こ》の　いのちが、
空《そら》に　きえました。

2

それから　なん十年《じゅうねん》。
町《まち》には、まえよりも
いっぱい　いえが　たっています。
㋑ちいちゃんが　ひとりで
かげおくりをした　ところは、
ちいさな　こうえんに
なっています。
青《あお》い　空《そら》の下《した》。
きょうも、
おにいちゃんや
ちいちゃんぐらいの
子《こ》どもたちが、
㋒きらきら　わらいごえを
あげて、あそんでいます。

（あかね書房　一九八二年発行　ちいちゃんのかげおくり　あまん　きみこ）

1

(1) ㋐小《ちい》さな　女《おんな》の子《こ》の　いのちが、空《そら》にきえたのは、いつですか。

2

(1) ㋑ちいちゃんが、ひとりでかげおくりをしたところは、何《なに》になっていますか。

(2) どんな　子《こ》どもたちが、㋒きらきら　わらいごえを　あげて、あそんでいますか。

〔　　〕や〔　　〕ぐらいの子《こ》どもたち。

# 短歌《たんか》を楽《たの》しもう (1)

名前

(1) 次《つぎ》の文《ぶん》は、「短歌《たんか》」について、書《か》かれた文《ぶん》です。
ただしい言葉《ことば》をえらんで○をつけましょう。

・短歌《たんか》は、
（　）五《ご》・七《しち》・五《ご》・七《しち》・七《しち》
（　）五《ご》・七《しち》・五《ご》
の
（　）三十一音《さんじゅういちおん》
（　）十七音《じゅうしちおん》
で作《つく》られた短《みじか》い詩《し》です。

(2) 次《つぎ》の文《ぶん》は、「短歌《たんか》」について、書《か》かれた文《ぶん》です。
□にあてはまる言葉《ことば》を□からえらんで、書《か》きましょう。

短歌《たんか》の［　　］音《おん》の中《なか》には、［　　］の
様子《ようす》や、そこから感《かん》じられること、［　　］に思《おも》う
いろいろなことが表《あらわ》されます。

しぜん　三十一《さんじゅういち》　心《こころ》

（令和二年度版　光村図書　国語　三下　あおぞら「短歌を楽しもう」による）

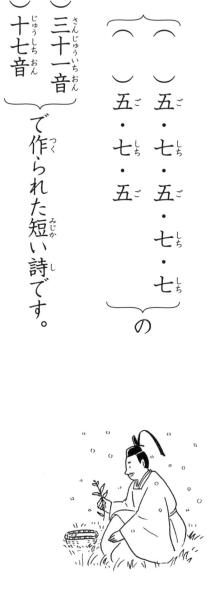

# 短歌《たんか》を楽《たの》しもう (2)

名前

● 次《つぎ》の短歌《たんか》や文章《ぶんしょう》を二回《にかい》読《よ》んで、答《こた》えましょう。

㋐むしのねも／のこりすくなに／なりにけり／
よなよなかぜの／さむくしなれば

虫《むし》の鳴《な》き声《ごえ》もあまり聞《き》こえなくなってきたなあ。
夜《よ》ごとにふく風《かぜ》が寒《さむ》くなるので。

良寛《りょうかん》

（令和二年度版　光村図書　国語　三下　あおぞら「短歌を楽しもう」による）

(1) 右《みぎ》の短歌《たんか》の五《ご》・七《しち》・五《ご》・七《しち》・七《しち》に分《わ》かれるところを見《み》つけて／線《せん》を四《よっ》つ書《か》きましょう。

(2) 右《みぎ》の短歌《たんか》を、ひらがなで書《か》きましょう。

むしのねも

(3) ㋐むしのねとは、何《なん》ですか。○をつけましょう。

（　）風《かぜ》の音《おと》

（　）虫《むし》の鳴《な》き声《ごえ》

(4) この短歌《たんか》が表《あらわ》している季節《きせつ》は、いつごろですか。○をつけましょう。

（　）春《はる》のはじめ

（　）秋《あき》のおわり

# 短《たん》歌《か》を楽《たの》しもう　(3)

名前

● 次《つぎ》の短《たん》歌《か》や文《ぶん》章《しょう》を二《に》回《かい》読《よ》んで、答《こた》えましょう。

秋《あき》来《き》ぬと目《め》にはさやかに見《み》えねども風《かぜ》の音《おと》にぞおどろかれぬる

藤《ふじ》原《わらの》　敏《とし》行《ゆき》

秋《あき》が来《き》たと、目《め》に見《み》えてはっきりとは分《わ》からなかったけれども、
風《かぜ》の音《おと》が秋《あき》らしくて、はっとしたよ。

（令和二年度版　光村図書　国語　三下　あおぞら「短歌を楽しもう」による）

(1) 右《みぎ》の短《たん》歌《か》の五《ご》・七《しち》・五《ご》・七《しち》・七《しち》に分《わ》かれるところを見《み》つけて／線《せん》を四《よっ》つ書《か》きましょう。

(2) 右《みぎ》の短《たん》歌《か》を、ひらがなで書《か》きましょう。

あききぬと

(3) この短《たん》歌《か》が表《あらわ》している季《き》節《せつ》は、いつですか。○をつけましょう。

（　）夏《なつ》
（　）秋《あき》

(4) この短《たん》歌《か》の作《さく》者《しゃ》は、何《なに》で季《き》節《せつ》を感《かん》じましたか。

# 短歌《たんか》を楽《たの》しもう (4)

名前

● 次《つぎ》の短歌《たんか》や文章《ぶんしょう》を二回《にかい》読《よ》んで、答《こた》えましょう。

奥山《おくやま》に紅葉《もみじ》踏《ふ》み分《わ》け鳴《な》く鹿《しか》の声《こえ》聞《き》く時《とき》ぞ秋《あき》は悲《かな》しき

猿丸大夫《さるまるだゆう》

奥深《おくぶか》い山《やま》で紅葉《もみじ》を踏《ふ》み分《わ》けながら鳴《な》いている鹿《しか》の声《こえ》を聞《き》くときこそ、秋《あき》の悲《かな》しさを感《かん》じるものだなあ。

（令和二年度版　光村図書　国語　三下　あおぞら「短歌を楽しもう」による）

(1) 右《みぎ》の短歌《たんか》の五《ご》・七《しち》・五《ご》・七《しち》・七《しち》に分《わ》かれるところを見《み》つけて／線《せん》を四《よっ》つ書《か》きましょう。

(2) 右《みぎ》の短歌《たんか》を、ひらがなで書《か》きましょう。

おくやまに

(3) この短歌《たんか》が表《あらわ》している季節《きせつ》は、いつですか。

(4) この短歌《たんか》の作者《さくしゃ》は、何《なに》で季節《きせつ》を感《かん》じていますか。○をつけましょう。

（　）鹿《しか》の声《こえ》

（　）風《かぜ》の音《おと》

# 短歌《たんか》を楽《たの》しもう (5)

名前

● 次《つぎ》の短歌《たんか》や文章《ぶんしょう》を二回《にかい》読《よ》んで、答《こた》えましょう。

天《あま》の原《はら》振《ふ》りさけ見《み》れば春日《かすが》なる三笠《みかさ》の山《やま》に出《い》でし月《つき》かも

安倍仲麿《あべのなかまろ》

広々《ひろびろ》とした大空《おおぞら》をずっと遠《とお》くまで見《み》わたしてみると、月《つき》が出《で》ている。
あれは、昔《むかし》、春日《かすが》の三笠山《みかさやま》に出《で》ていた月《つき》と同《おな》じなのだなあ。

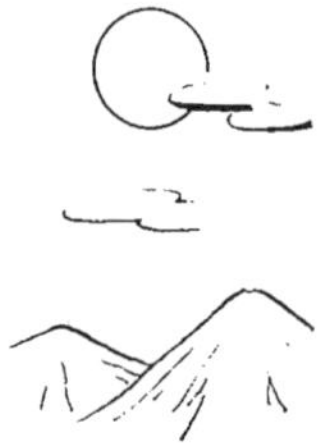

（令和二年度版　光村図書　国語　三下　あおぞら「短歌を楽しもう」による）

(1) 右《みぎ》の短歌《たんか》の五《ご》・七《しち》・五《ご》・七《しち》・七《しち》に分《わ》かれるところを見《み》つけて／線《せん》を四《よっ》つ書《か》きましょう。

(2) 右《みぎ》の短歌《たんか》を、ひらがなで書《か》きましょう。

あまのはら

(3) この短歌《たんか》の作者《さくしゃ》は、何《なに》を見《み》てこの短歌《たんか》を作《つく》りましたか。

（　）天《あま》の原《はら》
（　）三笠《みかさ》の山《やま》

# くわしく表《あらわ》す言葉《ことば》 (1)

## ——主語《しゅご》とじゅつ語《ご》

名前

● 次《つぎ》の文《ぶん》から、主語《しゅご》とじゅつ語《ご》を見《み》つけて□に書《か》きましょう。

① くじらは　大《おお》きい。

主語《しゅご》　くじらは

じゅつ語《ご》　大きい

② イルカが　泳《およ》ぐ。

主語《しゅご》

じゅつ語《ご》

③ サメは　魚《さかな》だ。

主語《しゅご》

じゅつ語《ご》

④ ペンギンは　鳥《とり》だ。

主語《しゅご》

じゅつ語《ご》

⑤ 海《うみ》が　見《み》える。

主語《しゅご》

じゅつ語《ご》

# くわしく表《あらわ》す言葉《ことば》 (2)

——主語《しゅご》とじゅつ語《ご》

名前

● 次《つぎ》の文《ぶん》から、主語《しゅご》とじゅつ語《ご》を見《み》つけて□に書《か》きましょう。

① わたしは　本《ほん》を　読《よ》んだ。

主語《しゅご》　わたしは

じゅつ語《ご》　読んだ

② 先生《せんせい》が　遠足《えんそく》について　話《はな》した。

主語《しゅご》

じゅつ語《ご》

③ ぼくの　かさは　黄色《きいろ》い。

主語《しゅご》

じゅつ語《ご》

④ きょうの　しゅくだいは　絵日記《えにっき》だ。

主語《しゅご》

じゅつ語《ご》

⑤ 森《もり》に　みずうみが　ある。

主語《しゅご》

じゅつ語《ご》

# くわしく表《あらわ》す言葉《ことば》 (3)

## ——主語《しゅご》とじゅつ語《ご》

名前

● 次《つぎ》の文《ぶん》から、主語《しゅご》とじゅつ語《ご》を見《み》つけて□に書《か》きましょう。

① ぼくは　きのう　動物園《どうぶつえん》に　行《い》った。

主語《しゅご》　ぼくは

じゅつ語《ご》　行った

② 白《しろ》くて　うつくしい　花《はな》が　さいています。

主語《しゅご》

じゅつ語《ご》

③ かさ立《た》てに　かさが　三本《さんぼん》　あります。

主語《しゅご》

じゅつ語《ご》

④ ぼくは　動物園《どうぶつえん》で　ライオンを　見《み》た。

主語《しゅご》

じゅつ語《ご》

⑤ わたしは　弟《おとうと》と　カレーを　作《つく》った。

主語《しゅご》

じゅつ語《ご》

# くわしく表《あらわ》す言葉《ことば》 (4)

——主語《しゅご》とじゅつ語《ご》

名前

● 次《つぎ》の文《ぶん》から、主語《しゅご》とじゅつ語《ご》を見《み》つけて□に書《か》きましょう。

① わたしは新《しん》かん線《せん》で、東京《とうきょう》に行《い》きます。

主語《しゅご》 わたしは

じゅつ語《ご》 行きます

② 鳥《とり》が、木《き》の上《うえ》をとんでいます。

主語《しゅご》

じゅつ語《ご》

③ 赤《あか》ちゃんが、大《おお》きな声《こえ》でないています。

主語《しゅご》

じゅつ語《ご》

④ わたしの兄《あに》は、とてもやさしい。

主語《しゅご》

じゅつ語《ご》

⑤ 妹《いもうと》は、友《とも》だちと公園《こうえん》に行《い》った。

主語《しゅご》

じゅつ語《ご》

# くわしく表《あらわ》す言葉《ことば》 (5)

——「何《なに》を」

名前

● はじめに、主語《しゅご》とじゅつ語《ご》を◯でかこみましょう。
次《つぎ》に、くわしく表《あらわ》す言葉《ことば》に——線《せん》を引《ひ》きましょう。

① わたしは　サラダを　作《つく》った。

② 母《はは》は　おすしを　食《た》べた。

③ 先生《せんせい》が　カメラを　持《も》ってきた。

④ ながれ星《ぼし》を　弟《おとうと》は　見《み》た。

⑤ 自《じ》てん車《しゃ》を　兄《あに》が　組《く》み立《た》てた。

⑥ どんぐりを　りすが　食《た》べた。

# くわしく表《あらわ》す言葉《ことば》 (6)
## ——「何《なに》に」

名前

● はじめに、主語《しゅご》とじゅつ語《ご》を◯でかこみましょう。
次《つぎ》に、くわしく表《あらわ》す言葉《ことば》に——線《せん》を引《ひ》きましょう。

① 姉《あね》が　ゆうびん局《きょく》に　行《い》った。

② 先生《せんせい》は　黒板《こくばん》に　書《か》いた。

③ おばあさんは　子《こ》ねこに　話《はな》しかけた。

④ かがみに　顔《かお》が　うつった。

⑤ 駅《えき》に　電車《でんしゃ》が　着《つ》いた。

⑥ いすに　おじいさんが　すわった。

# くわしく表《あらわ》す言葉《ことば》（7）

――「いつ」「どこで」「何《なに》を」

名前

● はじめに、くわしく表《あらわ》す言葉《ことば》を見《み》つけて、――線《せん》を引《ひ》きましょう。
次《つぎ》に、――線《せん》を引《ひ》いた言葉《ことば》の〔　〕に、「いつ」「どこで」「何《なに》を」を書《か》きましょう。

① 先生《せんせい》が（主語《しゅご》）　日曜日《にちようび》に〔いつ〕　スーパーで〔どこで〕　おやつを〔何を〕　買《か》った。（じゅつ語《ご》）

② おやつを〔　　〕　日曜日《にちようび》に〔　　〕　スーパーで〔　　〕　先生《せんせい》が（主語《しゅご》）　買《か》った。（じゅつ語《ご》）

③ 日曜日《にちようび》に〔　　〕　スーパーで〔　　〕　先生《せんせい》が（主語《しゅご》）　おやつを〔　　〕　買《か》った。（じゅつ語《ご》）

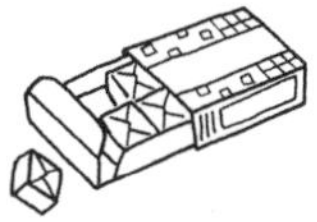

④ スーパーで〔　　〕　日曜日《にちようび》に〔　　〕　先生《せんせい》が（主語《しゅご》）　おやつを〔　　〕　買《か》った。（じゅつ語《ご》）

# くわしく表《あらわ》す言葉《ことば》(8)
## ——「いつ」「どこで」「何《なに》に」

名前

● はじめに、くわしく表《あらわ》す言葉《ことば》を見《み》つけて、——線《せん》を引《ひ》きましょう。
次《つぎ》に、——線《せん》を引《ひ》いた言葉《ことば》の〔　〕に、「いつ」「どこで」「何《なに》を」を書《か》きましょう。

①〔いつ〕〔どこで〕〔何に〕
ぼくは（主語《しゅご》）　きのう　学校《がっこう》で　ジャングルジムに　上《のぼ》った。（じゅつ語《ご》）

②〔　　〕〔　　〕〔　　〕
きのう　学校《がっこう》で　ぼくは（主語《しゅご》）　ジャングルジムに　上《のぼ》った。（じゅつ語《ご》）

③〔　　〕〔　　〕〔　　〕
きのう　ぼくは（主語《しゅご》）　学校《がっこう》で　ジャングルジムに　上《のぼ》った。（じゅつ語《ご》）

④〔　　〕〔　　〕〔　　〕
きのう　学校《がっこう》で　ジャングルジムに　ぼくは（主語《しゅご》）　上《のぼ》った。（じゅつ語《ご》）

# くわしく表《あらわ》す言葉《ことば》 (9)

——「何《なに》を」「何《なに》に」「いつ」「どこで」

名前

● はじめに、主語《しゅご》とじゅつ語《ご》を〇でかこみましょう。
次《つぎ》に、くわしく表《あらわ》す言葉《ことば》を見《み》つけて——線《せん》を引《ひ》きましょう。

①　㋐　ねこが　かつおぶしを　食《た》べた。

　　㋑　ねこが　にわで　かつおぶしを　食《た》べた。

②　㋐　姉《あね》は　音楽《おんがく》を　聞《き》いた。

　　㋑　姉《あね》は　コンサートホールで　音楽《おんがく》を　聞《き》いた。

③　㋐　五分前《ごふんまえ》に　電車《でんしゃ》が　着《つ》いた。

　　㋑　五分前《ごふんまえ》に　駅《えき》に　電車《でんしゃ》が　着《つ》いた。

# くわしく表《あらわ》す言葉《ことば》 (10)

――「どんな」「何《なん》の」「どのように」

名前

● はじめに、主語《しゅご》とじゅつ語《ご》を〇でかこみましょう。
次《つぎ》に、くわしく表《あらわ》す言葉《ことば》を見《み》つけて――線《せん》を引《ひ》きましょう。

① 青《あお》い　風船《ふうせん》が　ふくらんだ。

② 青《あお》い　風船《ふうせん》が　大《おお》きく　ふくらんだ。

③ 学校《がっこう》の　ろう下《か》は　長《なが》い。

④ 学校《がっこう》の　ろう下《か》は　とても　長《なが》い。

⑤ ねこが　ねむそうに　すわっている。

⑥ となりの　ねこが　ねむそうに　すわっている。

# くわしく表《あらわ》す言葉《ことば》 (11)
## ―「どんな」「何《なん》の」「どのように」

名前

● はじめに、主語《しゅご》とじゅつ語《ご》を○でかこみましょう。
次《つぎ》に、くわしく表《あらわ》す言葉《ことば》を見《み》つけて――線《せん》を引《ひ》きましょう。

① 父《ちち》の　かばんは　大《おお》きい。

② 父《ちち》の　かばんは　とても　大《おお》きい。

③ ひまわりが　たくさん　さいた。

④ 大《おお》きな　ひまわりが　たくさん　さいた。

⑤ 川《かわ》の　水《みず》が　流《なが》れる。

⑥ 川《かわ》の　水《みず》が　さらさらと　流《なが》れる。

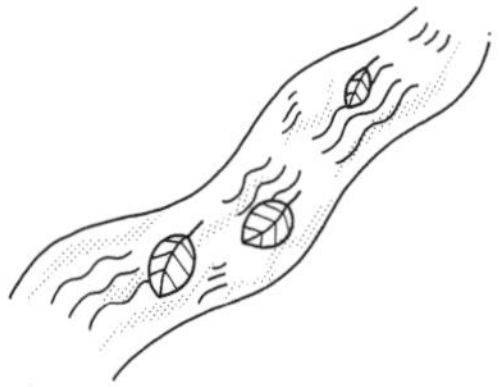

# くわしく表《あらわ》す言葉《ことば》 ⑿
## ——係《かか》る言葉《ことば》

名前

「くわしく表《あらわ》す言葉《ことば》」のことを「**修飾語**《しゅうしょくご》」と言《い》います。

● □でかこんだ修飾語《しゅうしょくご》は、どの言葉《ことば》をくわしく表《あらわ》していますか。〈れい〉にならって──▶を書《か》きましょう。

〈れい〉 [父《ちち》の]　かばんは　大《おお》きい。

① 父《ちち》の　かばんは　[とても]　大《おお》きい。

② [おおきな]　ひまわりが　さいた。

③ おおきな　ひまわりが　[たくさん]　さいた。

# くわしく表《あらわ》す言葉《ことば》 (13)

—係《かか》る言葉《ことば》

名前

● □でかこんだ修飾語《しゅうしょくご》は、どの言葉《ことば》をくわしく表《あらわ》していますか。〈れい〉にならって→を書《か》きましょう。

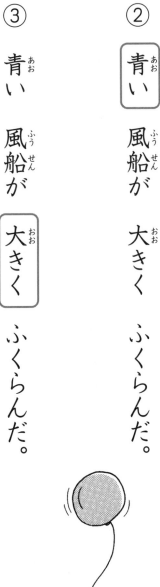

〈れい〉 川《かわ》の　水《みず》が　流《なが》れる。

① 川《かわ》の　水《みず》が　さらさらと　流《なが》れる。

② 青《あお》い　風《ふう》船《せん》が　大《おお》きく　ふくらんだ。

③ 青《あお》い　風《ふう》船《せん》が　大《おお》きく　ふくらんだ。

④ 学《がっ》校《こう》の　ろう下《か》は　長《なが》い。

⑤ 学《がっ》校《こう》の　ろう下《か》は　とても　長《なが》い。

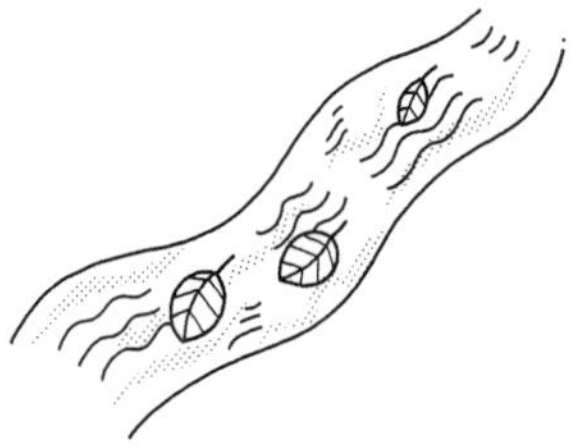

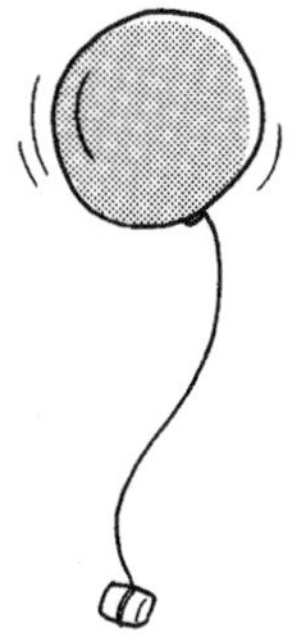

# くわしく表《あらわ》す言葉《ことば》 ⑭

——まとめ

名前

(1) はじめに、主語《しゅご》とじゅつ語《ご》を○でかこみましょう。
次に、修飾語《しゅうしょくご》（くわしく表《あらわ》す言葉《ことば》）を見《み》つけて——線《せん》を引《ひ》きましょう。

① これは　父《ちち》の　車《くるま》です。

② 友《とも》だちは　遊園地《ゆうえんち》に　行《い》く。

③ 明日《あした》の　きゅう食《しょく》は　カレーだ。

(2) □でかこんだ修飾語《しゅうしょくご》は、どの言葉《ことば》をくわしく表《あらわ》していますか。
〈れい〉にならって━▶を書《か》きましょう。

〈れい〉 これは　父《ちち》の　車《くるま》です。

① 友《とも》だちは　遊園地《ゆうえんち》に　行《い》く。

② 明日《あした》の　きゅう食《しょく》は　カレーだ。

# くわしく表《あらわ》す言葉《ことば》(15)
——まとめ

名前

(1) はじめに、主語《しゅご》とじゅつ語《ご》を◯でかこみましょう。
次に、修飾語《しゅうしょくご》（くわしく表《あらわ》す言葉《ことば》）を見《み》つけて——線《せん》を引《ひ》きましょう。

① ぼくは　白鳥《はくちょう》を　見《み》た。

② 黄色《きいろ》い　小鳥《ことり》が　鳴《な》いている。

③ 妹《いもうと》は　楽《たの》しそうに　おどった。

(2) □でかこんだ修飾語《しゅうしょくご》は、どの言葉《ことば》をくわしく表《あらわ》していますか。
〈れい〉にならって→を書《か》きましょう。

〈れい〉 ぼくは　白鳥《はくちょう》を　見《み》た。

① 黄色《きいろ》い　小鳥《ことり》が　鳴《な》いている。

② 妹《いもうと》は　楽《たの》しそうに　おどった。

# くわしく表《あらわ》す言葉《ことば》 (16)

——まとめ

名前

(1) はじめに、主語《しゅご》とじゅつ語《ご》を○でかこみましょう。次に、修飾語《しゅうしょくご》（くわしく表《あらわ》す言葉《ことば》）を見《み》つけて——線《せん》を引《ひ》きましょう。

① きのうの　夕日《ゆうひ》は　とても　きれいだった。

② ぼくの　おじいさんは　子牛《こうし》を　育《そだ》てている。

③ 二頭《にとう》の　いるかが　元気《げんき》に　とびはねた。

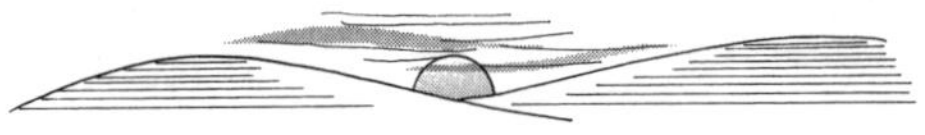

(2) □でかこんだ修飾語《しゅうしょくご》は、どの言葉《ことば》をくわしく表《あらわ》していますか。〈れい〉にならって→を書《か》きましょう。

〈れい〉 [きのうの]　夕日《ゆうひ》は　[とても]　きれいだった。

① [ぼくの]　おじいさんは　[子牛《こうし》を]　育《そだ》てている。

② [二頭《にとう》の]　いるかが　[元気《げんき》に]　とびはねた。

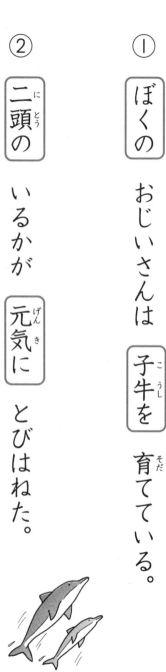

# ことわざ（1）

名前

● 次《つぎ》の文《ぶん》を読《よ》みましょう。ことわざと意味《いみ》を読《よ》みましょう。
ことわざを書《か》きましょう。

生活《せいかつ》の中《なか》で、役立《やくだ》つちえや教《おし》えなどを、短《みじか》い言葉《ことば》で表《あらわ》したものを**「ことわざ」**と言《い》います。

① 善《ぜん》は　急《いそ》げ

【意味《いみ》】よいと思《おも》ったことは、すぐに行《おこな》うほうがよいということ。

② わらう　門《かど》には　福《ふく》　来《き》たる

【意味《いみ》】いつもにこにことくらしている人《ひと》のところには、しぜんとよいことがやって来《く》るということ。

③ 石橋《いしばし》を　たたいて　わたる

【意味《いみ》】用心深《ようじんぶか》く、物事《ものごと》を行《おこな》うこと。

④ 所《ところ》かわれば　品《しな》かわる

【意味《いみ》】場所《ばしょ》がかわると、言葉《ことば》やしゅうかんもかわるということ。

⑤ おびに短《みじか》し　たすきに長《なが》し

【意味《いみ》】ちゅうとはんぱで、なんの役《やく》にも立《た》たないということ。

# ことわざ (2)

名前

(1) 次《つぎ》のことわざの〔　〕に、あとの□から言葉《ことば》をえらんで書《か》きましょう。できたことわざを読《よ》みましょう。

① 善《ぜん》は〔　　〕

【意味《いみ》】よいと思《おも》ったことは、すぐに行《おこな》うほうがよいということ。

② 〔　　〕門《かど》には福《ふく》来《き》たる

【意味《いみ》】いつもにこにことくらしている人《ひと》のところには、しぜんとよいことがやって来《く》るということ。

③ 〔　　〕に短《みじか》し〔　　〕に長《なが》し

【意味《いみ》】ちゅうとはんぱで、なんの役《やく》にも立《た》たないということ。

わらう　たすき　おび　急《いそ》げ

(2) 次《つぎ》のことわざの〔　〕に、あとの□から言葉《ことば》をえらんで書《か》きましょう。できたことわざを読《よ》みましょう。

④ 〔　　〕かわれば〔　　〕かわる

【意味《いみ》】場所《ばしょ》がかわると、言葉《ことば》やしゅうかんもかわるということ。

⑤ 〔　　〕をたたいてわたる

【意味《いみ》】用心深《ようじんぶか》く、物事《ものごと》を行《おこな》うこと。

品《しな》　石橋《いしばし》　所《ところ》

# ことわざ (3)

名前

● 次《つぎ》のことわざには、動物《どうぶつ》の名前《なまえ》が出《で》てきます。ことわざと意味《いみ》を読《よ》みましょう。ことわざを書《か》きましょう。

① さるも 木《き》から 落《お》ちる

【意味《いみ》】どんな上手《じょうず》な人《ひと》にも、しっぱいはあるものだということ。

② 犬《いぬ》も 歩《ある》けば ぼうに 当《あ》たる

【意味《いみ》】いろんなことをやっていると、思《おも》いがけない幸運《こううん》やさいなんにあう、ということ。

③ ねこの 手《て》も かりたい

【意味《いみ》】役《やく》に立《た》ちそうにないねこの手《て》でもかりたいほど、とてもいそがしい様子《ようす》。

④ 馬《うま》の 耳《みみ》に ねんぶつ

【意味《いみ》】どんなによいものでも、ねうちを知《し》らないものには役《やく》に立《た》たないこと。

⑤ すずめの なみだ

【意味《いみ》】りょうが、ごくわずかなようす。

# ことわざ (4)

名前

(1) 次《つぎ》のことわざの〔　〕に、あとの□から言葉《ことば》をえらんで書《か》きましょう。
できたことわざを読《よ》みましょう。

① 〔　　〕も〔　　〕から落《お》ちる

【意味《いみ》】どんな上手《じょうず》な人《ひと》にもしっぱいはあるものだということ。

② 〔　　〕も歩《ある》けば〔　　〕に当《あ》たる

【意味《いみ》】いろんなことをやっていると、思《おも》いがけない幸運《こううん》や、さいなんにあう、ということ。

③ 〔　　〕の〔　　〕も〔　　〕もかりたい

【意味《いみ》】役《やく》に立《た》ちそうにないねこの手《て》でもかりたいほど、とてもいそがしい様子《ようす》。

ねこ　犬《いぬ》　さる　木《き》　手《て》　ぼう

(2) 次《つぎ》のことわざの〔　〕に、あとの□から言葉《ことば》をえらんで書《か》きましょう。
できたことわざを読《よ》みましょう。

④ 〔　　〕の耳《みみ》に〔　　〕

【意味《いみ》】どんなによいものでも、ねうちを知《し》らないものには役《やく》に立《た》たないこと。

⑤ 〔　　〕の〔　　〕

【意味《いみ》】りょうが、ごくわずかなようす。

馬《うま》　なみだ　すずめ　ねんぶつ

# ことわざ (5)

名前

(1) 次《つぎ》のことわざを、読《よ》みましょう。書《か》きましょう。

かっぱの　川流《かわなが》れ

【意味《いみ》】どんな上手《じょうず》な人《ひと》にも、しっぱいはあるものだということ。

① このことわざと、にた意味《いみ》のことわざに、○をつけましょう。

(　)さるも　木《き》から　落《お》ちる

(　)たつ鳥《とり》　あとを　にごさず

(2) 次《つぎ》のことわざを、読《よ》みましょう。書《か》きましょう。

ぶたに　しんじゅ

【意味《いみ》】どんなによいものでも、ねうちを知《し》らないものには役《やく》に立《た》たないこと。

① このことわざと、にた意味《いみ》のことわざに、○をつけましょう。

(　)馬《うま》の　耳《みみ》に　ねんぶつ

(　)犬《いぬ》も　歩《ある》けば　ぼうに　当《あ》たる

# 慣《かん》用《よう》句《く》（1）

名前

● 次《つぎ》の文《ぶん》を読《よ》みましょう。慣《かん》用《よう》句《く》と意《い》味《み》や使《つか》い方《かた》を読《よ》みましょう。
慣《かん》用《よう》句《く》を書《か》きましょう。

二《ふた》つ以《い》上《じょう》の言《こと》葉《ば》がむすびついて、元《もと》の言《こと》葉《ば》とはちがう、新《あたら》しい意《い》味《み》を表《あらわ》す言《い》い方《かた》を「**慣《かん》用《よう》句《く》**」と言《い》います。

①

馬《うま》が合《あ》う

【意《い》味《み》】気《き》が合《あ》う。しっくりいく。

【使《つか》い方《かた》】森《もり》さんとは、馬《うま》が合《あ》うので、いつもいっしょに遊《あそ》んでいる。

②

ねこのひたい

【意《い》味《み》】ねこのひたいがせまいことから、面《めん》せきがせまいことのたとえ。

【使《つか》い方《かた》】ねこのひたいほどの庭《にわ》で、野《や》さいを育《そだ》てている。

③

うり二《ふた》つ

【意《い》味《み》】見《み》分《わ》けがつかないほどよくにている様《よう》子《す》。

【使《つか》い方《かた》】となりの家《いえ》のふたごのきょうだいは、うり二《ふた》つで見《み》分《わ》けられない。

# 慣《かん》用《よう》句《く》 (2)

名前

● 次《つぎ》の慣用句《かんようく》の〔　〕に、あとの［　］から言葉《ことば》をえらんで書《か》きましょう。
意味《いみ》の正《ただ》しい方《ほう》に○をつけましょう。

①〔が〕合《あ》う

【意味《いみ》】
（　）気《き》が合《あ》う。しっくりいく。
（　）馬《うま》のように、はやく走《はし》れる。

②〔の〕ひたい

【意味《いみ》】
（　）ねこの考《かんが》えることもわかるぐらい、いろんなことがわかる。
（　）ねこのひたいがせまいことから、面《めん》せきがせまいことのたとえ。

③〔　〕二《ふた》つ

【意味《いみ》】
（　）見分《みわ》けがつかないほどよくにている様子《ようす》。
（　）野《や》さいを二《ふた》つもらったので、よろこんでいる様子《ようす》。

ねこ　馬《うま》　うり

# 慣《かん》用《よう》句《く》 (3)

名前

● 次《つぎ》の慣《かん》用《よう》句《く》とその意《い》味《み》と使《つか》い方《かた》を読《よ》みましょう。慣《かん》用《よう》句《く》を書《か》きましょう。

① 頭《あたま》を ひねる

【意《い》味《み》】あれこれと 考《かんが》える。

【使《つか》い方《かた》】テストもんだいを作《つく》るのに、頭《あたま》をひねった。

② 心《こころ》が 動《うご》く

【意《い》味《み》】何《なに》かの力《ちから》によって、気《き》持《も》ちがひきつけられること。

【使《つか》い方《かた》】夕《ゆう》日《ひ》が山《やま》にしずむときの美《うつく》しい風《ふう》けいを見《み》て、心《こころ》が動《うご》いた。

③ 雲《くも》を つかむ

【意《い》味《み》】ものごとがはっきりしていない様《よう》子《す》。

【使《つか》い方《かた》】雲《くも》をつかむような話《はなし》で、よく分《わ》からなかった。

# 慣用句《かんようく》（4）

名前

● 次《つぎ》の慣用句《かんようく》の〔　〕に、あとの［　］から言葉《ことば》をえらんで書《か》きましょう。意味《いみ》の正《ただ》しい方《ほう》に○をつけましょう。

①〔　〕をひねる

【意味《いみ》】
（　）頭《あたま》がいたくてねている様子《ようす》。
（　）あれこれと、考《かんが》えること。

②〔　〕が動《うご》く

【意味《いみ》】
（　）何《なに》かの力《ちから》によって、気持《きも》ちがひきつけられること。
（　）気《き》にかかる物事《ものごと》もなく、心《こころ》が落《お》ち着《つ》いている様子《ようす》。

③〔　〕をつかむ

【意味《いみ》】
（　）ふわふわしていて、うまく持《も》ち運《はこ》べないこと。
（　）ものごとがはっきりしていない様子《ようす》。

雲《くも》　頭《あたま》　心《こころ》

# 故事《こじ》成語《せいご》（1）

名前

● 次《つぎ》の文《ぶん》と故事成語《こじせいご》を読《よ》みましょう。□に故事成語《こじせいご》をひらがなで書《か》きましょう。意味《いみ》の正《ただ》しい方《ほう》に○をつけましょう。

中国《ちゅうごく》につたわる古《ふる》い出来事《できごと》や物語《ものがたり》が元《もと》になってできた短《みじか》い言葉《ことば》を**「故事成語《こじせいご》」**と言《い》います。

① 五十歩百歩《ごじゅっぽひゃっぽ》

ごじゅっぽひゃっぽ

【意味《いみ》】

（　）多少《たしょう》のちがいはあるけれど、大《おお》きなちがいではないこと。

（　）歩《ある》く歩数《ほすう》できょりをはかること。

② 矛盾《むじゅん》

【意味《いみ》】

（　）ほことたてをうまく使《つか》って、たたかいに勝《か》つこと。

（　）話《はなし》のつじつま（すじみちや正《ただ》しいじゅんばん）が合《あ》わないこと。

# 故事成語《こじせいご》 (2)

名前

● 次《つぎ》の故事成語《こじせいご》を読《よ》みましょう。□に故事成語《こじせいご》をひらがなで書《か》きましょう。意味《いみ》の正《ただ》しい方《ほう》に○をつけましょう。

① 漁夫《ぎょふ》の利《り》

ぎょふのり

【意味《いみ》】

（　）とくをしようと二人《ふたり》があらそっている間《あいだ》に、べつの人《ひと》が苦《く》ろうなく利《り》えきを横取《よこど》りすること。

（　）魚屋《さかなや》さんが、いい魚《さかな》をたくさん売《う》ってくれること。

② 蛇足《だそく》

【意味《いみ》】

（　）足《あし》のあるへびがめずらしいように、とてもめずらしいことのたとえ。

（　）へびの絵《え》に足《あし》をつけるように、ひつようのないものをくわえることで、全体《ぜんたい》をだめにしてしまうこと。

# 漢字《かんじ》の意味《いみ》 (1)

名前

同《おな》じ発音《はつおん》の言葉《ことば》でも、意味《いみ》がちがうと使《つか》われる漢字《かんじ》もちがってきます。

● 絵《え》を見《み》て、次《つぎ》の文《ぶん》の——の言葉《ことば》にあてはまる漢字《かんじ》を下《した》の□からえらんで、□に書《か》きましょう。

① 人形《にんぎょう》にはなをつける。

人形《にんぎょう》に□をつける。

人形《にんぎょう》に□をつける。

花　鼻

② はが、きれいだ。

□が、きれいだ。

□が、きれいだ。

葉　歯

③ ひに、あたる。

□に、あたる。

□に、あたる。

日　火

(令和二年度版　光村図書　三下　あおぞら「漢字の意味」による)

# 漢字《かんじ》の意味《いみ》 (2)

名前

● 次《つぎ》の発音《はつおん》の漢字《かんじ》を、文《ぶん》に合《あ》うように（　）からえらんで□に書《か》きましょう。

(1) カイ（回　階）

① ぼくのへやは、家《いえ》の二《に》□にある。

② 新《しん》かん線《せん》に乗《の》るのは、これで五《ご》□目《め》だ。

(2) キシャ（記者　汽車）

① わたしの父《ちち》は、新聞《しんぶん》□だ。

② 鉄道《てつどう》はく物館《ぶつかん》に、むかしの□を見《み》に行《い》った。

(3) カジ（家事　火事）

① きのうは、近《ちか》くの山《やま》で□があったそうだ。

② □を手《て》つだって、そうじとせんたくをした。

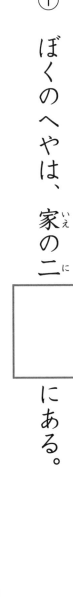

# 漢字《かんじ》の意味《いみ》 (3)

名前

● 次《つぎ》の発音《はつおん》の漢字《かんじ》を、文《ぶん》に合《あ》うように（　）からえらんで□に書《か》きましょう。

(1) キョク（曲　局）

① ゆうびん□で、はがきを買《か》った。

② 姉《あね》は、ピアノでむずかしそうな□をひいている。

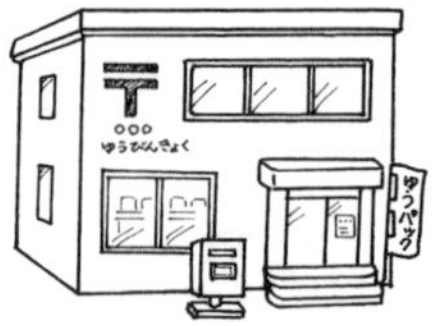

(2) サン（三　山）

① ここから、ふじ□が、きれいに見《み》える。

② 友《とも》だち□人《にん》と、図書館《としょかん》に行《い》って、宿題《しゅくだい》をした。

(3) セン（線　船）

① 点《てん》□をなぞって書《か》くと、うさぎの絵《え》ができあがった。

② 夏《なつ》まつりで、大《おお》きな風《ふう》□をもらった。

# 漢字《かんじ》の意味《いみ》 (4)

名前

一《ひと》つの漢字《かんじ》が、いくつかのちがう意味《いみ》を表《あらわ》すことがあります。

● 次《つぎ》のⒶⒾⓊの漢字《かんじ》を読《よ》みましょう。〰線《せん》の漢字《かんじ》の意味《いみ》を下《した》からえらんで――線《せん》でむすびましょう。

## ① 名

Ⓐ 三名《さんめい》　Ⓘ 名人《めいじん》　Ⓤ 名前《なまえ》

・すぐれている
・なまえ
・人《ひと》を数《かぞ》えるときの単位《たんい》

## ② 本

Ⓐ 絵本《えほん》　Ⓘ 本気《ほんき》　Ⓤ 二本《にほん》

・ほんもの、ほんとうの
・ほそ長《なが》いものを数《かぞ》えるときの単位《たんい》
・書物《しょもつ》

## ③ 長

Ⓐ 長《ちょう》きょり　Ⓘ 会長《かいちょう》　Ⓤ 長所《ちょうしょ》

・すぐれている、よいところ
・長《なが》い
・いちばん上《うえ》の役《やく》

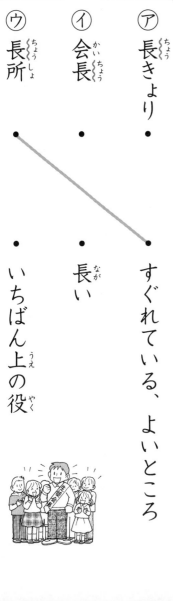

# 形《かたち》のにている漢字《かんじ》

名前

● 文《ぶん》に合《あ》うように、下《した》の□から漢字《かんじ》をえらんで□に書《か》きましょう。

①
㋐ □《しろ》いうさぎ。
㋑ □《じ》分《ぶん》のつくえ。

白　自

②
㋐ 森《もり》の□《き》。
㋑ 図書室《としょしつ》の□《ほん》。

木　本

③
㋐ □《おお》きなかぼちゃ。
㋑ □《ふと》いロープ。
㋒ □《てん》気《き》がわるい。

大　天　太

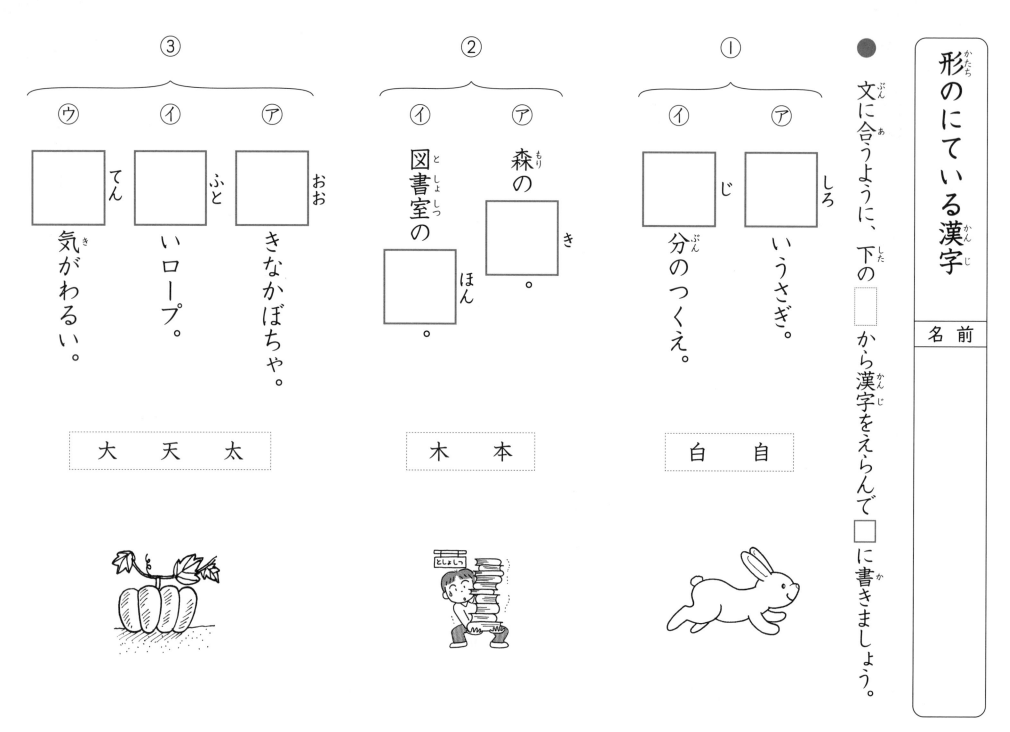

# 十二《じゅうに》支《し》と月《つき》のよび名《な》 (1)

名前

昔《むかし》から使《つか》われている言《い》い方《かた》です。読《よ》みましょう。書《か》きましょう。

ね

うし

とら

う

たつ

み

うま

ひつじ

さる

とり

いぬ

い

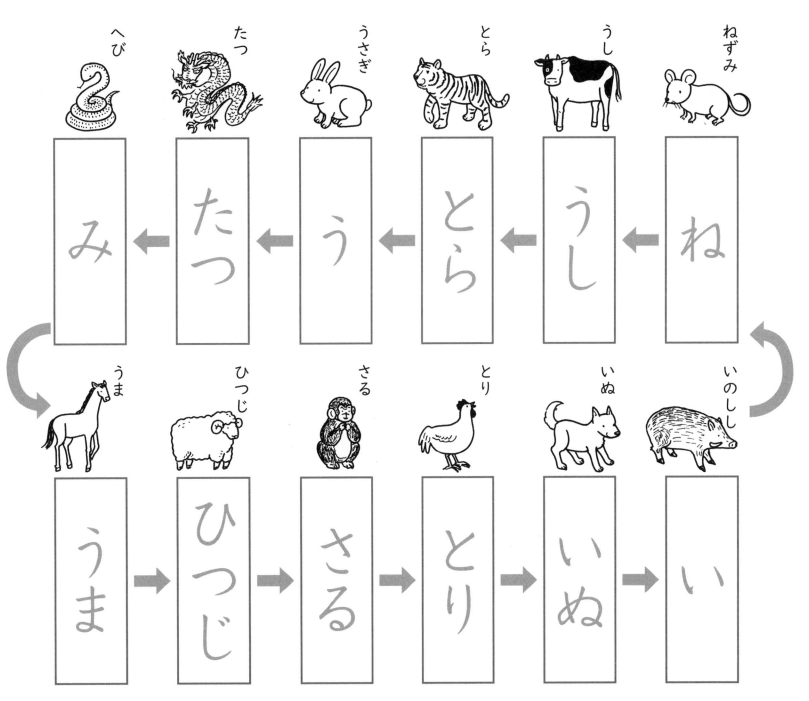

# 十二支《じゅうにし》と月《つき》のよび名《な》 (2)

名前

昔《むかし》から使《つか》われている言《い》い方《かた》で書《か》きましょう。読《よ》みましょう。

# 十二支《じゅうにし》と月《つき》のよび名《な》 (3)

名前

上《うえ》と下《した》の言葉《ことば》で、合《あ》うものを——線《せん》でむすびましょう。

①  ね ・　・ うさぎ 

②  うし ・　・ ねずみ 

③  とら ・　・ うし 

④  う ・　・ とら 

⑤  たつ ・　・ へび 

⑥  み ・　・ たつ 

⑦  うま ・　・ ひつじ 

⑧  ひつじ ・　・ うま 

⑨  さる ・　・ とり 

⑩  とり ・　・ いぬ 

⑪  いぬ ・　・ いのしし 

⑫  い ・　・ さる 

# 十二支《じゅうにし》と月《つき》のよび名《な》 (4)

名前

昔《むかし》から使《つか》われている月《つき》のよび名《な》です。読《よ》みましょう。書《か》きましょう。

一月《いちがつ》 睦月 むつき

二月《にがつ》 如月 きさらぎ

三月《さんがつ》 弥生 やよい

四月《しがつ》 卯月 うづき

五月《ごがつ》 皐月 さつき

六月《ろくがつ》 水無月 みなづき

七月《しちがつ》 文月 ふみづき

八月《はちがつ》 葉月 はづき

九月《くがつ》 長月 ながつき

十月《じゅうがつ》 神無月 かんなづき

十一月《じゅういちがつ》 霜月 しもつき

十二月《じゅうにがつ》 師走 しわす

# 十二支《じゅうにし》と月《つき》のよび名《な》 (5)

名前

昔《むかし》から使《つか》われている月《つき》のよび名《な》を書《か》きましょう。読《よ》みましょう。

一月《いちがつ》 睦月

二月《にがつ》 如月

三月《さんがつ》 弥生

四月《しがつ》 卯月

五月《ごがつ》 皐月

六月《ろくがつ》 水無月

七月《しちがつ》 文月

八月《はちがつ》 葉月

九月《くがつ》 長月

十月《じゅうがつ》 神無月

十一月《じゅういちがつ》 霜月

十二月《じゅうにがつ》 師走

# 二《ふた》つの漢字《かんじ》の組《く》み合《あ》わせ（1）

名前

● 上《うえ》と下《した》の言葉《ことば》のつながりから、漢字《かんじ》二字《にじ》の言葉《ことば》を考《かんが》えましょう。
考《かんが》えた言葉《ことば》を □ からえらんで、□ に書《か》きましょう。

①

㋐ 青《あお》い ↓ 空《そら》

青空

㋑ 星《ほし》が出《で》ている ↓ 空《そら》

青空《あおぞら》　星空《ほしぞら》

②

㋐ 半分《はんぶん》にかけた ↓ 月《つき》

㋑ 月《つき》が出《で》ている ↓ 夜《よる》

月夜《つきよ》　半月《はんげつ》

③

㋐ 大《おお》きな ↓ 声《こえ》

㋑ 小《ちい》さな ↓ 声《こえ》

小声《こごえ》　大声《おおごえ》

# 二つ《ふた》の漢字《かんじ》の組《く》み合《あ》わせ　(2)

名前

● 上《うえ》と下《した》の言葉《ことば》のつながりから、漢字《かんじ》二字《にじ》の言葉《ことば》を考《かんが》えましょう。
考《かんが》えた言葉《ことば》を□からえらんで、□に書《か》きましょう。

①
㋐ 旅《たび》に ＋ 行《い》く　旅行
㋑ 山《やま》に ＋ 登《のぼ》る

旅行《りょこう》　登山《とざん》

②
㋐ 文《ぶん》を ＋ 作《つく》る
㋑ 書《しょ》を ＋ 読《よ》む

読書《どくしょ》　作文《さくぶん》

③
㋐ 見《み》て ＋ 学《まな》ぶ
㋑ 音《おと》を ＋ 楽《たの》しむ

音楽《おんがく》　見学《けんがく》

# 二《ふた》つの漢字《かんじ》の組《く》み合《あ》わせ　(3)

名前

● 上《うえ》の漢字《かんじ》と関係《かんけい》のある漢字《かんじ》を□からえらんで□に書《か》き、漢字《かんじ》二字《にじ》の言葉《ことば》を作《つく》りましょう。

①

（畑　石）

㋐ 田　［畑］

㋑ 岩　［　］

②

（転　体）

㋐ 回　［　］

㋑ 身　［　］

③

（画　発　進　路）

㋐ 出　［　］

㋑ 行　［　］

㋒ 道　［　］

㋓ 絵　［　］

ここで作《つく》った漢字《かんじ》二字《にじ》の言葉《ことば》を読《よ》んでみよう。

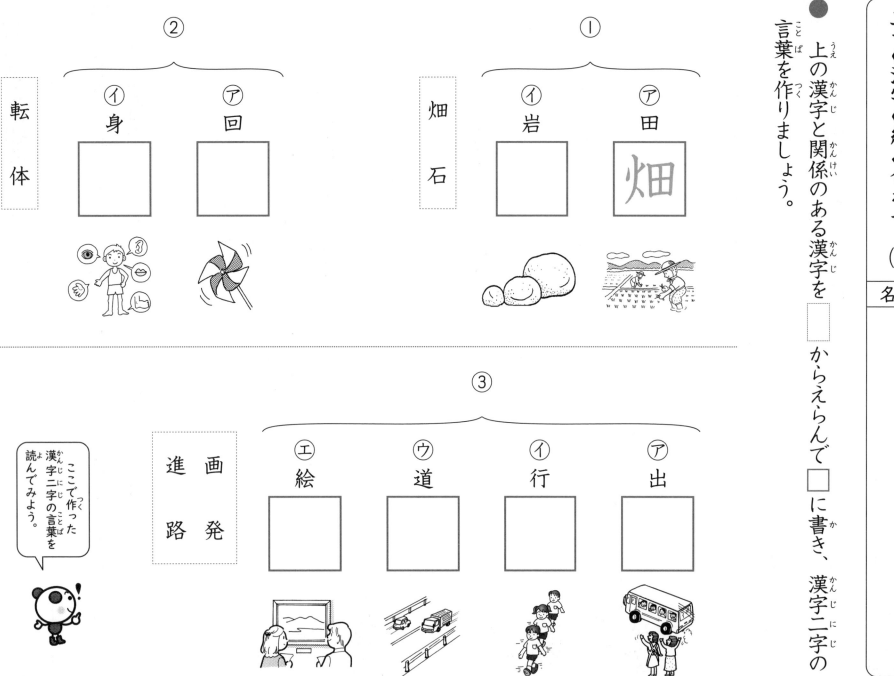

# 二《ふた》つの漢字《かんじ》の組《く》み合《あ》わせ　(4)

名前

● 上《うえ》の漢字《かんじ》と反対《はんたい》の意味《いみ》になる漢字《かんじ》を□からえらんで〔　〕に書《か》きましょう。組《く》み合《あ》わせてできる漢字二字《かんじにじ》の言葉《ことば》を□に書《か》きましょう。

①

㋐ 強《つよ》い ↕ 〔弱〕い　強弱

㋑ 明《あか》るい ↕ 〔　〕い

㋒ 長《なが》い ↕ 〔　〕い

弱　短　暗

②

㋐ 苦《くる》しい ↕ 〔　〕しい

㋑ 勝《か》つ ↕ 〔　〕ける

㋒ 軽《かる》い ↕ 〔　〕い

重　楽　負

## 4 頁

# モチモチの木 (1)

名前

● 次《つぎ》のあらすじと文章《ぶんしょう》を二回読《にかいよ》んで、答《こた》えましょう。

豆太《まめた》は五《いつ》つにもなったのに、夜中《よなか》には じさまについてきてもらわないとせっちん（トイレ）にも行《い》けないおくびょうな子《こ》だった。せっちんは表《おもて》にあるし、表《おもて》には大《おお》きくておそろしいモチモチの木《き》があるからだ。じさまはぐっすりねていても、豆太《まめた》がよぶとすぐに目《め》をさましてくれる。いっしょにねている一《いち》まいしかないふとんをぬらされるより夜中《よなか》におきる方《ほう》がいいし、たった二人《ふたり》でくらしている豆太《まめた》が、じさまはかわいそうでかわいかったからだ。

霜月《しもつき》（十一月《じゅういちがつ》）二十日《はつか》の夜中《よなか》に、モチモチの木《き》に灯《ひ》がともる。山《やま》の神様《かみさま》のお祭《まつ》りで、それは勇気《ゆうき》のある一人《ひとり》の子《こ》どもしか見《み》ることができない。豆太《まめた》のじさまも、死《し》んだおとうも見《み》たんなら、豆太《まめた》も見《み》たいけど、こんな冬《ふゆ》の夜中《よなか》に、モチモチの木《き》をたった一人《ひとり》で見《み》に出《で》るなんて、豆太《まめた》にはとんでもない話《はなし》だった。

1

豆太《まめた》は見《み》た
豆太《まめた》は、真夜中《まよなか》に、
ひょっと目《め》をさました。
頭《あたま》の上《うえ》で、くまのうなり声《ごえ》が
聞《き》こえたからだ。

2

あ「じさまぁっ。」
ア むちゅうでじさまに
しがみつこうとしたが、
じさまはいない。
い「ま、豆太《まめた》、心配《しんぱい》すんな。
じさまは、じさまは、
ちょっとはらが
いてえだけだ。」

（令和二年度版　光村図書　国語　三下　あおぞら　斎藤《さいとう》　隆介《りゅうすけ》）

1
(1) 豆太《まめた》が、真夜中《まよなか》に目《め》をさましたのは、なぜですか。

［頭《あたま》の上《うえ》で、**くまのうなり声**が聞《き》こえたから。］

2
(1) あいの言葉《ことば》は、だれが言《い》った言葉《ことば》ですか。

あ［**豆太**］　い［**じさま**］

(2) 「アしがみつこう」とは、どういう意味《いみ》ですか。○をつけましょう。

（　）力《ちから》を入《い》れて、かむこと。
（○）強《つよ》く、だきつくこと。

(3) じさまは、どこがいたいのですか。

［**はら**］

※「モチモチの木」の教材は、令和二年度版　東京書籍　新しい国語　三下・教育出版　ひろがる言葉　小学国語　三下　にも掲載されています。

4

## 5 頁

# モチモチの木 (2)

名前

● 次《つぎ》の文章《ぶんしょう》を二回読《にかいよ》んで、答《こた》えましょう。

1

まくら元《もと》で、
くまみたいに体《からだ》を丸《まる》めて
うなっていたのは、
じさまだった。
「じさまっ。」

2

こわくて、びっくらして、
豆太《まめた》はじさまにとびついた。
けれども、じさまは、
ころりとたたみに転《ころ》げると、
歯《は》を食《く》いしばって、
ますます
すごくうなるだけだ。

※歯《は》を食《く》いしばる…
歯《は》をかたくかみ合《あ》わせ、
いたみ・つらさなどをがまんする。

（令和二年度版　光村図書　国語　三下　あおぞら　斎藤《さいとう》　隆介《りゅうすけ》）

1
(1) じさまは、どこでうなっていましたか。

［**まくら元**］

(2) じさまは、どんな様子《ようす》でうなっていましたか。

［**くま**みたいに**体**を**丸めて**うなっていた。］

2
(1) 豆太《まめた》は、どんな気持《きも》ちで じさまにとびつきましたか。二《ふた》つに○をつけましょう。

（○）こわい
（　）たのしい
（○）びっくり

(2) たたみに転《ころ》がったじさまは、どうしましたか。じさまの様子《ようす》がわかるところを、文中《ぶんちゅう》から書《か》き出《だ》しましょう。

［歯《は》を**食いしばって**、ますます すごく**うなるだけだ**。］

※「モチモチの木」の教材は、令和二年度版　東京書籍　新しい国語　三下・教育出版　ひろがる言葉　小学国語　三下　にも掲載されています。

5

## 6 頁

# モチモチの木《き》 (3)

名前

● 次《つぎ》の文章《ぶんしょう》を二回読《にかいよ》んで、答《こた》えましょう。

1

あ「医者様《いしゃさま》をよばなくっちゃ。」
豆太《まめた》は、小犬《こいぬ》みたいに
体《からだ》を丸《まる》めて、表戸《おもてど》を体《からだ》で
ふっとばして走《はし》りだした。
ねまきのまんま。はだしで。
半道《はんみち》もある
ふもとの村《むら》まで――。

※半道《はんみち》…およそ二《に》キロメートル

2

外《そと》はすごい星《ほし》で、
月《つき》も出《で》ていた。
ア とうげの下《くだ》りの坂道《さかみち》は、
一面《いちめん》の真《ま》っ白《しろ》い霜《しも》で、
雪《ゆき》みたいだった。
霜《しも》が足《あし》にかみついた。
足《あし》からは血《ち》が出《で》た。

（令和二年度版　光村図書　国語　三下　あおぞら　斎藤《さいとう》　隆介《りゅうすけ》）

1
(1) あの言葉《ことば》は、だれが言《い》った言葉《ことば》ですか。

［**豆太**］

(2) 豆太《まめた》が、あわてて外《そと》にとび出《だ》した様子《ようす》が分《わ》かる言葉三《ことばみっ》つに○をつけましょう。

（○）表戸《おもてど》を体《からだ》でふっとばして。
（○）ねまきのまんま。
（○）はだしで。
（　）ふもとの村《むら》まで。

2
(1) 外《そと》は、どんな様子《ようす》でしたか。

［**すごい星**で**月**も出《で》ていた。］

(2) アとうげの下《くだ》りの坂道《さかみち》は、どんな様子《ようす》でしたか。文中《ぶんちゅう》から書《か》き出《だ》しましょう。

［**一面の真っ白い霜で、雪みたいだった。**］

※「モチモチの木」の教材は、令和二年度版　東京書籍　新しい国語　三下・教育出版　ひろがる言葉　小学国語　三下　にも掲載されています。

6

## 7 頁

# モチモチの木《き》 (4)

名前

● 次《つぎ》の文章《ぶんしょう》を二回読《にかいよ》んで、答《こた》えましょう。

1

豆太《まめた》は、なきなき走《はし》った。
いたくて、寒《さむ》くて、
こわかったからなぁ。
でも、大《だい》すきなじさまの
ア 死《し》んじまうほうが、
もっとこわかったから、
なきなきふもとの医者様《いしゃさま》へ
走《はし》った。

2

これも、年《とし》よりじさまの
医者様《いしゃさま》は、豆太《まめた》からわけを
聞《き》くと、
「おう、おう――。」
と言《い》って、ねんねこばんてんに
薬箱《くすりばこ》と豆太《まめた》をイおぶうと、
真夜中《まよなか》のとうげ道《みち》を、
えっちら、おっちら、
ウ じさまの小屋《こや》へ上《のぼ》ってきた。

（令和二年度版　光村図書　国語　三下　あおぞら　斎藤《さいとう》　隆介《りゅうすけ》）

1
(1) 豆太《まめた》は、なぜ、なきなき走《はし》ったのですか。文中《ぶんちゅう》から書《か》き出《だ》しましょう。

［**いた**くて、**寒**くて、**こわ**かったから。］

(2) 豆太《まめた》が、アもっとこわかったことは、どんなことですか。

［**大すきな**じさまが**死んじまう**（**死んでしまう**）こと。］

2
(1) イおぶうと同《おな》じことを表《あらわ》す方《ほう》に、○をつけましょう。

（　）両《りょう》うでにかかえて持《も》つこと。
（○）せなかに乗《の》せて持《も》つこと。

(2) 薬箱《くすりばこ》と豆太《まめた》をおぶって ウじさまの小屋《こや》へ上《のぼ》ってきたのは、だれですか。

［**医者様**］

※「モチモチの木」の教材は、令和二年度版　東京書籍　新しい国語　三下・教育出版　ひろがる言葉　小学国語　三下　にも掲載されています。

7

# 解答例

本書の解答は，あくまでもひとつの例です。児童に取り組ませる前に，必ず指導される方が問題を解いてください。指導される方の作られた解答をもとに，児童の多様な考えに寄り添って○つけをお願いします。

## 8頁

### モチモチの木《き》 (5)

名前

● 次《つぎ》の文章《ぶんしょう》を二回《にかい》読《よ》んで、答《こた》えましょう。

医者様《いしゃさま》は、ねんねこばんてんに薬箱《くすりばこ》と豆太《まめた》をおぶうと、真夜中《まよなか》のとうげ道《みち》をじさまの小屋《こや》へ上《のぼ》ってきた。

1

とちゅうで、
月《つき》が出《で》てるのに、雪《ゆき》が
ふり始《はじ》めた。
この冬《ふゆ》はじめての雪《ゆき》だ。
豆太《まめた》は、㋐そいつを
ねんねこの中《なか》から見《み》た。

2

そして、医者様《いしゃさま》のこしを、
足《あし》でドンドンけとばした。
じさまが、なんだか
死《し》んじまいそうな
気《き》がしたからな。
豆太《まめた》は、小屋《こや》へ入《はい》るとき、
もう一《ひと》つふしぎな
ものを見《み》た。
「モチモチの木《き》に、
灯《ひ》がついている。」

（令和二年度版　光村図書　国語　三下　あおぞら　斎藤《さいとう》　隆介《りゅうすけ》）

1

(1) ふり始《はじ》めた雪《ゆき》は、どんな雪《ゆき》ですか。二《ふた》つに○をつけましょう。

（　）昼間《ひるま》からふっている雪《ゆき》。
（○）この冬《ふゆ》はじめての雪《ゆき》。
（○）月《つき》が出《で》ているのにふる雪《ゆき》。

(2) ㋐そいつとは、何《なん》のことですか。豆太《まめた》がねんねこの中《なか》から見《み》た

（この冬はじめての）雪

2

(1) 豆太《まめた》が医者様《いしゃさま》のこしをけとばしたのは、なぜですか。○をつけましょう。

（　）医者様《いしゃさま》がしんじまいそうな気《き》がしたから。
（○）じさまが死《し》んじまいそうな気《き》がしたから。

(2) もう一《ひと》つのふしぎなものを見《み》た豆太《まめた》は、何《なん》と言《い》いましたか。文中《ぶんちゅう》から書《か》き出《だ》しましょう。

モチモチの木に、灯がついている。

※「モチモチの木」の教材は、令和二年度版　東京書籍　新しい国語　三下・教育出版　ひろがる言葉　小学国語　三下　にも掲載されています。



## 9頁

### モチモチの木《き》 (6)

名前

● 次《つぎ》の文章《ぶんしょう》を二回《にかい》読《よ》んで、答《こた》えましょう。

豆太《まめた》は小屋《こや》へ入《はい》るとき、もう一《ひと》つふしぎなものを見《み》た。「モチモチの木《き》に、灯《ひ》がついている。」

1

けれど、医者様《いしゃさま》は、
「あ、ほんとだ。
まるで、灯《ひ》がついたようだ。
だども、あれは、
とちの木《き》の後《うし》ろにちょうど
月《つき》が出《で》てきて、えだの間《あいだ》に
星《ほし》が光《ひか》ってるんだ。
そこに雪《ゆき》がふってるから、
㋐明《あ》かりがついたように
見《み》えるんだべ。」
と言《い》って、
㋑小屋《こや》の中《なか》へ入《はい》ってしまった。
※だども…けれども

2

だから、豆太《まめた》は、
その後《あと》は知《し》らない。
医者様《いしゃさま》のてつだいをして、
かまどに まきをくべたり、
湯《ゆ》をわかしたりなんだり(などして)、
いそがしかったからな。

（令和二年度版　光村図書　国語　三下　あおぞら　斎藤《さいとう》　隆介《りゅうすけ》）

1

(1) 医者様《いしゃさま》は、モチモチの木《き》に㋐明《あ》かりがついたように見《み》えるわけを、どのように説明《せつめい》しましたか。

木《き》の後《うし》ろに［月］が出《で》てきて、えだの間《あいだ》に［星］が光《ひか》っている。そこに［雪］がふってるから。

(2) ㋑小屋《こや》の中《なか》へ入《はい》ってしまったのはだれですか。

医者様

2

(1) 豆太《まめた》は、医者様《いしゃさま》の手《て》つだいをして、何《なに》をしましたか。二《ふた》つ書《か》きましょう。

かまどにまきをくべた。

湯をわかした。

※「モチモチの木」の教材は、令和二年度版　東京書籍　新しい国語　三下・教育出版　ひろがる言葉　小学国語　三下　にも掲載されています。



## 10頁

### モチモチの木《き》 (7)

名前

● 次《つぎ》の文章《ぶんしょう》を二回《にかい》読《よ》んで、答《こた》えましょう。

弱虫《よわむし》でも、やさしけりゃ

でも、次《つぎ》の朝《あさ》、
はらいたがなおって
元気《げんき》になったじさまは、
医者様《いしゃさま》の帰《かえ》った後《あと》で、こう言《い》った。
「おまえは、山《やま》の神様《かみさま》の祭《まつ》りを
見《み》たんだ。モチモチの木《き》には、
灯《ひ》がついたんだ。
おまえは、一人《ひとり》で、夜道《よみち》を
医者様《いしゃさま》よびに行《い》けるほど、勇気《ゆうき》の
ある子《こ》どもだったんだからな。
自分《じぶん》で自分《じぶん》を弱虫《よわむし》だなんて思《おも》うな。
人間《にんげん》、やさしささえあれば、
やらなきゃならねえことは、
きっとやるもんだ。
それを見《み》て、他人《たにん》がびっくら
するわけよ。は、は、は。」
——それでも豆太《まめた》は、じさまが
元気《げんき》になると、㋐そのばんから、
「じさまぁ。」
と、しょんべんに
じさまを起《お》こしたとさ。

（令和二年度版　光村図書　国語　三下　あおぞら　斎藤《さいとう》　隆介《りゅうすけ》）

(1) じさまは、はらいたがなおって、どうなりましたか。

元気になった。

(2) じさまが、豆太《まめた》に、言《い》ったこと、三《みっ》つに○をつけましょう。

（○）豆太《まめた》は、山《やま》の神様《かみさま》の祭《まつ》りを見《み》た。
（　）豆太《まめた》には勇気《ゆうき》がない。
（○）モチモチの木《き》には灯《ひ》がついた。
（○）豆太《まめた》は、一人《ひとり》で医者様《いしゃさま》をよびに行《い》ける、勇気《ゆうき》のある子《こ》どもだ。

(3) じさまが元気《げんき》になると、㋐そのばんから豆太《まめた》は、何《なに》をしましたか。

「じさまぁ。」と、しょんべんに［じさま］を［起こした］とさ。

※「モチモチの木」の教材は、令和二年度版　東京書籍　新しい国語　三下・教育出版　ひろがる言葉　小学国語　三下　にも掲載されています。



## 11頁

### ぼくが　ここに

名前

● 次《つぎ》の詩《し》を二回《にかい》読《よ》んで、答《こた》えましょう。

ぼくが　ここに

まど・みちお

1

ぼくが　ここに　いるとき
ほかの　どんなものも
ぼくに　かさなって
ここに　いることは　できない

2

もしも　ゾウが　ここに　いるならば
そのゾウだけ
マメが　いるならば
その一《ひと》つぶの　マメだけ
しか　ここに　いることは　できない

3

ああ　このちきゅうの　うえでは
こんなに　だいじに
まもられているのだ
どんなものが　どんなところに
いるときにも

4

その「いること」こそが
㋐なににも　まして
すばらしいこと　として

（令和二年度版　東京書籍　新しい国語　三下　まど・みちお）

(1) 1を読《よ》んで、□に言葉《ことば》を書《か》きましょう。

［ぼく］が［ここ］に　いるとき
ほかの　どんなものも
［ぼく］に　かさなって
［ここ］に　いることは
できない

(2) 2に出《で》てくる小《ちい》さなものを二文字《にもじ》で書《か》きましょう。

マメ

(3) 3を読《よ》んで、□に言葉《ことば》を書《か》きましょう。

この［ちきゅう］の
うえでは　こんなに　だいじに
［まもられて］いるのだ

(4) 4の㋐なににも　まして　すばらしいこととは、どんなことですか。文中《ぶんちゅう》から四文字《よんもじ》で書《か》き出《だ》しましょう。

いること

## 12 頁

### 人《ひと》をつつむ形《かたち》 (1)
――世界《せかい》の家《いえ》めぐり

名前

● 次《つぎ》の文章《ぶんしょう》を二回《にかい》読《よ》んで、答《こた》えましょう。

1

わたしは、
㋐世界中《せかいじゅう》を
たずねて、
人《ひと》がいて家《いえ》がある
という風景《ふうけい》を、
たくさん写真《しゃしん》に
とってきました。

2

ボリビアには、
高《たか》さ三千五百《さんぜんごひゃく》メートルの
高原《こうげん》に、㋑どんぐりのような
形《かたち》の家《いえ》がありました。
塩分《えんぶん》の多《おお》いこの土地《とち》に、
しっかりと根《ね》をはる
草《くさ》があります。
人々《ひとびと》は、根《ね》のはった土《つち》を
ブロック形《がた》に切《き》り出《だ》して、
つみ上《あ》げて家《いえ》をつくります。

（令和二年度版　東京書籍　新しい国語　三下　小松《こまつ》　義夫《よしお》）

1

(1) ㋐たずねてと、同《おな》じことを表《あらわ》す方《ほう》に、○をつけましょう。

（　）人《ひと》に道《みち》をたずねる。
（○）友《とも》だちの家《いえ》をたずねる。

(2) わたしは、どんな風景《ふうけい》を写真《しゃしん》にとってきましたか。

［人］がいて［家］があるという風景《ふうけい》。

2

(1) ㋑どんぐりのような形《かたち》の家《いえ》は、ボリビアのどこにありましたか。

高《たか》さ三千五百《さんぜんごひゃく》メートルの［高原］。

(2) 人々《ひとびと》は、何《なに》をブロックの形《かたち》に切《き》り出《だ》して、家《いえ》をつくりますか。○をつけましょう。

（　）しっかりと根《ね》をはる草《くさ》。
（○）根《ね》のはった土《つち》。



## 13 頁

### 人《ひと》をつつむ形《かたち》 (2)
――世界《せかい》の家《いえ》めぐり

名前

● 次《つぎ》の文章《ぶんしょう》を二回《にかい》読《よ》んで、答《こた》えましょう。

1

ルーマニアでは、
森《もり》の近《ちか》くの村《むら》に、屋根《やね》まで
木《き》の板《いた》でできている家《いえ》が
ありました。
その屋根《やね》には、
まぶたがついた
人間《にんげん》の目《め》のような、
㋐けむり出《だ》しのまどが
ついています。
冬《ふゆ》は雪《ゆき》が多《おお》いので、
雪《ゆき》が落《お》ちやすいように、
屋根《やね》のかたむきを
大《おお》きくしています。

2

どの家《いえ》も、その土地《とち》の
とくちょうや人々《ひとびと》のくらしに
合《あ》わせて、地元《じもと》にある
ざいりょうを使《つか》い、
くふうしてつくられています。

（令和二年度版　東京書籍　新しい国語　三下　小松《こまつ》　義夫《よしお》）

1

(1) 屋根《やね》まで木《き》の板《いた》でできている家《いえ》は、ルーマニアの、どこにありましたか。

［森］の近《ちか》くの［村］

(2) ㋐けむり出《だ》しのまどについて答《こた》えましょう。

① 家《いえ》の、どこについていますか。

［屋根］

② どんな様子《ようす》のまどですか。

まぶたがついた［人間の目］のようなまど。

2

(1) どの家《いえ》も、何《なに》に合《あ》わせてつくられていますか。□に言葉《ことば》を書《か》きましょう。

その［土地］の［とくちょう］や人々《ひとびと》の［くらし］。



## 14 頁

### 人《ひと》をつつむ形《かたち》 (3)
――世界《せかい》の家《いえ》めぐり

名前

● 次《つぎ》の文章《ぶんしょう》を二回《にかい》読《よ》んで、答《こた》えましょう。

1

大草原《だいそうげん》の白《しろ》い家《いえ》――モンゴル
見《み》わたすかぎりの草原《そうげん》に
㋐点々《てんてん》と白《しろ》いものがあります。
近《ちか》づくと、それは何《なに》かを
つつんだような
形《かたち》をしているのが
分《わ》かります。
羊《ひつじ》や馬《うま》を放牧《ほうぼく》して
くらす人々《ひとびと》の家《いえ》、㋑ゲルです。

2

ゲルは、移動《いどう》できる
組《く》み立《た》て式《しき》の家《いえ》で、水《みず》を手《て》に
入《い》れやすく、羊《ひつじ》や馬《うま》が食《た》べる
草《くさ》が生《は》える所《ところ》にたてられます。
家《いえ》のほね組《ぐ》みは木《き》でできていて、
そのほね組《ぐ》みを㋒フェルトで
おおうと、すぐに家《いえ》を
組《く》み立《た》てることができます。
フェルトは羊《ひつじ》の毛《け》で
できているため、きびしい冬《ふゆ》の
寒《さむ》さをしのぐことができます。

（令和二年度版　東京書籍　新しい国語　三下　小松《こまつ》　義夫《よしお》）

1

(1) 草原《そうげん》にある、㋐点々《てんてん》と白《しろ》いものは何《なん》ですか。文中《ぶんちゅう》の二文字《にもじ》で書《か》きましょう。

［ゲル］

(2) ㋑ゲルは、何《なに》をしてくらす人々《ひとびと》の家《いえ》ですか。

［羊や馬を放牧］してくらす人々《ひとびと》の家《いえ》。

2

(1) ゲルについて、正《ただ》しいもの二《ふた》つに○をつけましょう。

（○）移動《いどう》できる組《く》み立《た》て式《しき》の家《いえ》。
（　）家《いえ》は、すべて木《き》でできている。
（○）羊《ひつじ》や馬《うま》が食《た》べる草《くさ》が生《は》える所《ところ》にたてられる。

(2) 家《いえ》のほね組《ぐ》みを㋒フェルトでおおうと、どんなことができますか。

［きびしい冬の寒さ］をしのぐことができる。



## 15 頁

### ゆうすげ村《むら》の小《ち》さな旅館《りょかん》 (1)
――ウサギのダイコン

名前

● 次《つぎ》のあらすじと文章《ぶんしょう》を二回《にかい》読《よ》んで、答《こた》えましょう。

ゆうすげ村《むら》に、ゆうすげ旅館《りょかん》という一《いっ》けんの小《ちい》さな旅館《りょかん》があります。つぼみさんという年取《としと》ったおかみさんが、一人《ひとり》で旅館《りょかん》を切《き》りもりしていました。わか葉《ば》のきせつ、ゆうすげ旅館《りょかん》に工事《こうじ》の人《ひと》がとまりに来《き》て、ひさしぶりに六人《ろくにん》ものたいざいのお客《きゃく》さんがありました。つぼみさんは大《おお》いそがし。ある日《ひ》、「だれか、手《て》つだってくれる人《ひと》がいないかしら。」と、ついひとり言《ごと》を言《い》うと、次《つぎ》の日《ひ》の朝《あさ》、色白《いろじろ》のぽっちゃりとしたむすめがウサギダイコンを入《い》れたかごを持《も》ってやってきて、「畑《はたけ》をかりている宇佐見《うさみ》のむすめ、美月《みづき》です。」と名《な》のりました。むすめはくるくるとよくはたらき、ゆうすげ旅館《りょかん》を手《て》つだいました。

1

㋐またたく間《ま》に、二週間《にしゅうかん》がすぎて、
たいざいのお客《きゃく》さんたちは、
仕事《しごと》が終《お》わり、ゆうすげ旅館《りょかん》を
引《ひ》きあげていくことになりました。
㋑お客《きゃく》さんが帰《かえ》って、
後《あと》かたづけがすむと、
むすめはおずおずと
エプロンを外《はず》しました。
※たいざい…何日《なんにち》もとまること。
※おずおずと…おそるおそる。

2

㋐「それじゃあ、わたしも、
そろそろおいとまします。」
「えっ、もう帰《かえ》ってしまうの。」
㋒つぼみさんが
がっかりすると、
むすめは、下《した》を向《む》きました。
※おいとま…帰《かえ》ること。仕事《しごと》をやめること。

（令和二年度版　東京書籍　新しい国語　三下　茂市《もいち》　久美子《くみこ》）

1

(1) ㋐またたく間《ま》と同《おな》じ意味《いみ》を表《あらわ》すものに、○をつけましょう。

（　）ゆっくりと長《なが》い時間《じかん》。
（○）とても短《みじか》い間《あいだ》。

(2) ㋑お客《きゃく》さんが帰《かえ》って、後《あと》かたづけがすむとむすめは何《なに》をしましたか。

おずおずと［エプロン］を外《はず》しました。

2

(1) ㋐の言葉《ことば》は、だれが言《い》った言葉《ことば》ですか。

［むすめ］

(2) ㋒つぼみさんは、どんなことに、がっかりしたのですか。

むすめがもう［帰って］しまうこと。

# 解答例

本書の解答は，あくまでもひとつの例です。児童に取り組ませる前に，必ず指導される方が問題を解いてください。指導される方の作られた解答をもとに，児童の多様な考えに寄り添って○つけをお願いします。

## 16頁

**ゆうすげ村《むら》の小《ち》さな旅館《りょかん》（2）**
――ウサギのダイコン

名前

● 次《つぎ》の文章《ぶんしょう》を二回《にかい》読《よ》んで、答《こた》えましょう。

1

「畑《はたけ》のダイコンが、
今《いま》、㋐ちょうど、
とり入《い》れどきなんです。
父《とう》さん一人《ひとり》じゃ
たいへんだから。
しゅうかくがおくれると、
まほうのきき目《め》が、
なくなってしまうんです。」

※しゅうかく…農作物《のうさくもつ》をとり入《い》れること。

2

「㋑まほうのきき目《め》って？」
「耳《みみ》がよくなる
まほうです。
夜《よる》は、
星《ほし》の歌《うた》も
聞《き》こえるんですよ。
山《やま》のみんなは、
ウサギダイコンがとれるのを
今《いま》か今《いま》かと待《ま》ってるんです。」

（令和二年度版　東京書籍　新しい国語　三下　茂市《もいち》　久美子《くみこ》）

1

(1) 畑《はたけ》のダイコンは、今《いま》、㋐ちょうど、どんなときですか。

［とり入れどき］

(2) ダイコンのしゅうかくがおくれると、なくなってしまうものは、何《なん》ですか。

［まほうのきき目］

2

(1) ㋑まほうとは、どんなまほうですか。

［耳］が［よく］なるまほう。

(2) 山《やま》のみんなは、何《なに》がとれるのを待《ま》っていますか。文中《ぶんちゅう》から七文字《しちもじ》で書《か》き出《だ》しましょう。

［ウサギダイコン］



## 17頁

**ゆうすげ村《むら》の小《ち》さな旅館《りょかん》（3）**
――ウサギのダイコン

名前

● 次《つぎ》の文章《ぶんしょう》を二回《にかい》読《よ》んで、答《こた》えましょう。

登場人物《とうじょうじんぶつ》　むすめ・つぼみさん

1

（まあ。だから、
お客《きゃく》さんも
わたしも、
㋐急《きゅう》に耳《みみ》がよくなったんだ。）
つぼみさんは、
大《おお》きくうなずきました。
㋑「じゃあ、引《ひ》き止《と》める
わけにはいかないわねえ。」

※引《ひ》き止《と》める…（帰《かえ》ろうとするのを）止《と》める。

2

つぼみさんが、これまでの
おきゅうりょうのふくろを
わたそうとすると、むすめは、
それを両手《りょうて》でおし返《かえ》しました。
「とんでもない。畑《はたけ》を
かりているお礼《れい》です。」
それから、むすめは、
㋑おじぎをすると、
にげるように
帰《かえ》っていきました。

（令和二年度版　東京書籍　新しい国語　三下　茂市《もいち》　久美子《くみこ》）

1

(1) ㋐急《きゅう》に耳《みみ》がよくなったんだと同じことを表《あらわ》す文《ぶん》に、○をつけましょう。

（○）よく聞《き》こえるようになった。
（　）急《きゅう》に聞《き》こえなくなる。

(2) ㋐の言葉《ことば》はだれが言《い》った言葉《ことば》ですか。

［つぼみさん］

2

(1) つぼみさんは、むすめに、何《なに》をわたそうとしましたか。○をつけましょう。

（　）畑《はたけ》をかりているお礼《れい》。
（○）おきゅうりょうのふくろ。

(2) むすめは、㋑おじぎをするとどんな様子《ようす》で帰《かえ》っていきましたか。文中《ぶんちゅう》から書《か》き出《だ》しましょう。

［にげる］ように帰《かえ》っていきました。



## 18頁

**ゆうすげ村《むら》の小《ち》さな旅館《りょかん》（4）**
――ウサギのダイコン

名前

● 次《つぎ》の文章《ぶんしょう》を二回《にかい》読《よ》んで、答《こた》えましょう。

1

よく日《じつ》、つぼみさんは町《まち》に
出《で》かけて、むすめのために
花《はな》がらのエプロンを買《か》うと、
㋐それを持《も》って山《やま》の畑《はたけ》に
出《で》かけました。
（ここに来《く》るのは、
何年《なんねん》ぶりかしら。
エプロン、㋑気《き》に入《い》って
くれるといいけど。）

2

畑《はたけ》について、
つぼみさんの
目《め》にとびこんで
きたのは、
二《に》ひきのウサギでした。
（たいへん、ウサギが、
畑《はたけ》をあらしているわ！）
でも、すぐに、つぼみさんは、
そうではないことに
気《き》がつきました。

（令和二年度版　東京書籍　新しい国語　三下　茂市《もいち》　久美子《くみこ》）

1

(1) つぼみさんは町《まち》で、だれのためにエプロンを買《か》いましたか。

［むすめ］

(2) ㋐それとは、何《なん》のことですか。

［花がらの　エプロン］

(3) エプロンを、だれが㋑気《き》に入《い》ってくれるといいのですか。

［むすめ］

2

(1) 畑《はたけ》で、つぼみさんの目《め》にとびこんできたのは、何《なん》でしたか。

［二ひきのウサギ］

(2) 二《に》ひきのウサギは、畑《はたけ》をあらしていましたか。あらしていませんでしたか。正《ただ》しいほうに○をつけましょう。

（　）畑《はたけ》をあらしていました。
（○）畑《はたけ》をあらしていませんでした。



## 19頁

**ゆうすげ村《むら》の小《ち》さな旅館《りょかん》（5）**
――ウサギのダイコン

名前

● 次《つぎ》の文章《ぶんしょう》を二回《にかい》読《よ》んで、答《こた》えましょう。

1

二《に》ひきは、ダイコンをぬいて
いるところだったのです。
（そういうことだったの……。）
つぼみさんは、
畑《はたけ》のダイコンに見《み》とれました。
あおあおとした
葉《は》っぱの下《した》から、
雪《ゆき》のようにまっ白《しろ》な根《ね》が
顔《かお》を出《だ》しています。

※見《み》とれました…感心《かんしん》してじっと見《み》る。

2

（山《やま》のよい空気《くうき》と水《みず》で、
ウサギさんたちが、
㋐たんせいこめて
育《そだ》てたダイコンだもの、
どんなダイコンより
おいしいはずだわ。）
つぼみさんは、エプロンの
つつみに「美月《みづき》さんへ」と
書《か》いて畑《はたけ》におき、こっそりと
帰《かえ》っていきました。

（令和二年度版　東京書籍　新しい国語　三下　茂市《もいち》　久美子《くみこ》）

1

(1) 二《に》ひきは、何《なに》をしているところでしたか。

［ダイコン］を［ぬいている］ところ。

(2) 次《つぎ》の□にあう言葉《ことば》を書《か》きましょう。

あおあおとした［葉っぱ］の［下］から［雪］のように［まっ白］な［根］が顔《かお》を出《だ》しています。

2

(1) ㋐たんせいこめてと同《おな》じ意味《いみ》を表《あらわ》すものに○をつけましょう。

（　）山《やま》の空気《くうき》と水《みず》をこめて。
（○）心《こころ》をこめて。

(2) ㋐たんせいこめたのは、だれですか。

［ウサギさんたち］

(3) つぼみさんは、どんな様子《ようす》で帰《かえ》っていきましたか。

［こっそり］と帰《かえ》っていきました。

## 20頁

### ゆうすげ村《むら》の小《ちい》さな旅館《りょかん》(6)
――ウサギのダイコン

名前

● 次《つぎ》の文章《ぶんしょう》を二回《にかい》読《よ》んで、答《こた》えましょう。

1

よく朝《あさ》、ゆうすげ旅館《りょかん》の台所《だいどころ》の外《そと》には、㋐一《ひと》かかえほどのダイコンがおいてあり、こんな手紙《てがみ》がそえられていました。

2

『すてきなエプロン、ありがとうございました。きのう、㋑おかみさんが畑《はたけ》に来《き》たのが、足音《あしおと》で分《わ》かったのですが、㋒父《とう》さんもわたしも、ウサギのすがたを見《み》られるのが、何《なん》だかはずかしくて、知《し》らんぷりしてしまいました。いそがしくなったら、また、お手《て》つだいに行《い》きます。どうぞ、お元気《げんき》で。ウサギの美月《みづき》より。』

（令和二年度版　東京書籍　新しい国語　三下　茂市《もいち》　久美子《くみこ》）

1

(1) ㋐一《ひと》かかえほどとは、どのぐらいですか。○をつけましょう。

（○）両方《りょうほう》のうでいっぱいにかかえるほど。

（　）山《やま》のように高《たか》くつみあげるほど。

2

(1) 美月《みづき》は、㋑おかみさんが畑《はたけ》に来《き》たのが、何《なん》で分《わ》かったのですか。

〔足音〕

(2) ㋒父《とう》さんもわたしも、何《なに》を見《み》られるのがはずかしかったのですか。文中《ぶんちゅう》の言葉《ことば》で書《か》きましょう。

〔ウサギのすがた〕

(3) この手紙《てがみ》は、①だれが、②だれに書《か》きましたか。

① だれ（が）〔ウサギ〕の〔美月〕が

② だれ（に）〔おかみさん（つぼみさん）〕に



## 21頁

### くらしと絵文字《えもじ》(1)

名前

● 次《つぎ》のあらすじと文章《ぶんしょう》を二回《にかい》読《よ》んで、答《こた》えましょう。

つたえたいことを色《いろ》と形《かたち》にして、見《み》ただけでわかるようにした記号《きごう》を、絵文字《えもじ》といいます。絵文字《えもじ》が、むかしからたくさん使《つか》われているのはなぜでしょうか。絵文字《えもじ》の第一《だいいち》の特長《とくちょう》は、その絵《え》を見《み》たしゅんかんに、その意味《いみ》がわかることです。

1

絵文字《えもじ》の第二《だいに》の特長《とくちょう》は、つたえる相手《あいて》に親《した》しみや楽《たの》しさを感《かん》じさせる、ということです。

2

(オ)の絵文字《えもじ》は、万国博覧会《ばんこくはくらんかい》など、人《ひと》がどっと集《あつ》まる場所《ばしょ》でつかわれたものです。「まいご」を表《あらわ》している子《こ》どもがないている子《こ》どもがすぐわかりますね。「お子《こ》さんがまいごになったかたや、まいごを見《み》つけたかたは、どうぞこちらへれんらくしてください。」という、やさしい心《こころ》づかいがつたわってくるように思《おも》われます。

(オ)

（令和二年度版　教育出版　ひろがる言葉　小学国語　三下　太田《おおた》　幸夫《ゆきお》）

1

(1) 絵文字《えもじ》の第二《だいに》の特長《とくちょう》を、文中《ぶんちゅう》の言葉《ことば》を使《つか》って書《か》きましょう。

〔つたえる相手《あいて》に〔親しみ〕や〔楽しさ〕を感《かん》じさせる、ということ。〕

2

(1) (オ)の絵文字《えもじ》は、どんなところで使《つか》われましたか。

〔人《ひと》が〔どっと集まる〕場所《ばしょ》。〕

(2) (オ)の絵文字《えもじ》は、何《なに》を表《あらわ》していますか。

〔まいご〕

(3) (オ)の絵文字《えもじ》から、何《なに》がつたわってくるように思《おも》われますか。文中《ぶんちゅう》の八文字《はちもじ》で書《か》きましょう。

| や | さ | し | い |
|---|---|---|---|
| 心 | づ | か | い |



## 22頁

### くらしと絵文字《えもじ》(2)

名前

● 次《つぎ》の文章《ぶんしょう》を二回《にかい》読《よ》んで、答《こた》えましょう。

動物《どうぶつ》の足《あし》あとの絵文字《えもじ》をたどっていくと、その動物《どうぶつ》に会《あ》える㋐動物園《どうぶつえん》もできました。㋑道《みち》に記《しる》された、動物《どうぶつ》の足《あし》あとをたどっていくのです。子《こ》どもたちは、たんけんをしているような楽《たの》しさを感《かん》じることでしょう。

(カ)の絵文字《えもじ》は、アメリカのある動物園《どうぶつえん》のものです。

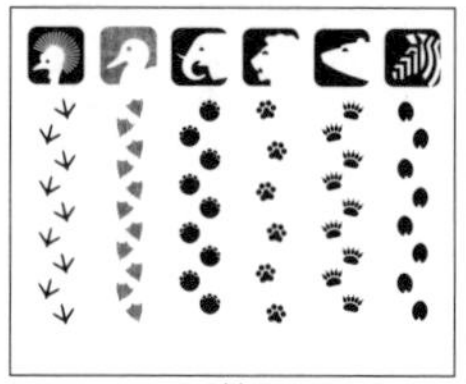

(カ)

（令和二年度版　教育出版　ひろがる言葉　小学国語　三下　太田《おおた》　幸夫《ゆきお》）

(1) どんな㋐動物園《どうぶつえん》ができましたか。□に言葉《ことば》を書《か》きましょう。

〔動物《どうぶつ》の〔足あと〕の〔絵文字〕をたどっていくとその動物《どうぶつ》に〔会える〕動物園《どうぶつえん》。〕

(2) ㋑道《みち》に記《しる》された、何《なに》をたどっていくのですか。

〔動物の足あと〕

(3) 子《こ》どもたちは、どんなことを感《かん》じますか。○をつけましょう。

（　）たんけんをすることのたいへんさ。

（○）たんけんをしているような楽《たの》しさ。

(4) (カ)の絵文字《えもじ》は、どの国《くに》の動物園《どうぶつえん》のものですか。

〔アメリカ〕



## 23頁

### くらしと絵文字《えもじ》(3)

名前

● 次《つぎ》の文章《ぶんしょう》を二回《にかい》読《よ》んで、答《こた》えましょう。

1

絵文字《えもじ》の第三《だいさん》の特長《とくちょう》は、その意味《いみ》が言葉《ことば》や年《ねん》れいなどのちがいをこえてわかる、ということです。

2

デパートや映画館《えいがかん》などで、(キ)のような絵文字《えもじ》を見《み》たことがあるでしょう。この絵文字《えもじ》は、日本全国《にほんぜんこく》から集《あつ》まった三千点《さんぜんてん》をこえるデザインの中《なか》から、けむりの中《なか》での見《み》え方《かた》の実験《じっけん》などを行《おこな》って、えらばれたものです。

(キ)

（令和二年度版　教育出版　ひろがる言葉　小学国語　三下　太田《おおた》　幸夫《ゆきお》）

1

(1) 絵文字《えもじ》の第三《だいさん》の特長《とくちょう》を、文中《ぶんちゅう》の言葉《ことば》を使《つか》って書《か》きましょう。

〔その意味《いみ》が〔言葉〕や〔年れい〕などのちがいをこえてわかる、ということ。〕

2

(1) (キ)の絵文字《えもじ》はどのようなところで見《み》かけますか。文中《ぶんちゅう》の言葉《ことば》で二《ふた》つ答《こた》えましょう。（習《なら》っていない漢字《かんじ》はひらがなで書《か》きましょう。）

〔デパート〕

〔えい画館（映画館）〕

(2) (キ)の絵文字《えもじ》について書《か》いてあることに、○をつけましょう。

（　）デパートや映画館《えいがかん》などで、お客《きゃく》さんにえらばれた。

（○）けむりの中《なか》での見《み》え方《かた》の実験《じっけん》を行《おこな》って、えらばれた。

# 解答例

本書の解答は，あくまでもひとつの例です。児童に取り組ませる前に，必ず指導される方が問題を解いてください。指導される方の作られた解答をもとに，児童の多様な考えに寄り添って○つけをお願いします。

## 24 頁

### くらしと絵文字《えもじ》 (4)

名前

● 次《つぎ》の文章《ぶんしょう》を二回《にかい》読《よ》んで、答《こた》えましょう。

1

この絵文字《えもじ》は、
こくさい会議《かいぎ》でも、
いちばんよいと
されました。
「じしんや火事《かじ》のときは、
ここからにげなさい。」
ということが、外国《がいこく》の人々《ひとびと》にも、
おさない子《こ》どもたちにも
㋐すぐわかります。

2

言葉《ことば》や年《ねん》れいなどの
ちがう人《ひと》でも、
絵文字《えもじ》をつかえば、
つたえたいことが
同《おな》じようにわかるのです。

(令和二年度版　教育出版　ひろがる言葉　小学国語　三下　太田《おおた》　幸夫《ゆきお》)

1 ㋐すぐわかりますについて、答《こた》えましょう。

① どんなことが、わかりますか。

「じしんや火事《かじ》のときは、**ここからにげなさい**。」
ということがすぐわかります。

② だれに、わかりますか。文中《ぶんちゅう》の言葉《ことば》で、二《ふた》つ書《か》きましょう。

**外国の人々**

**おさない子どもたち**

2 上《うえ》の文章《ぶんしょう》を読《よ》んで、□にあてはまる言葉《ことば》を書《か》きましょう。

**言葉** や **年れい** などの
ちがう人《ひと》でも、
**絵文字** をつかえば、
つたえたいことが
同《おな》じようにわかるのです。



## 25 頁

### くらしと絵文字《えもじ》 (5)

名前

● 次《つぎ》の文章《ぶんしょう》を二回《にかい》読《よ》んで、答《こた》えましょう。

1

絵文字《えもじ》の特長《とくちょう》を
このように考《かんが》えてくると、
わたしたちのくらしの中《なか》で、
絵文字《えもじ》がたくさん
つかわれている理由《りゆう》が
㋐はっきりしてきます。

※特長《とくちょう》…とくによいところ

2

これからの
わたしたちのくらしは、
外国《がいこく》との交流《こうりゅう》をぬきにしては
なり立《た》ちません。
おおぜいの人《ひと》が
海外《かいがい》を旅行《りょこう》したり、
日本《にほん》に来《き》たりします。
これまで以上《いじょう》に
たくさんの
品物《しなもの》やじょうほうも、
世界中《せかいじゅう》を行《い》きかいます。
絵文字《えもじ》は、さまざまな場面《ばめん》で、
大切《たいせつ》な役《やく》わりを
はたすことになります。

※交流《こうりゅう》…たがいに行《い》き来《き》すること。
※じょうほう…ある物事《ものごと》の様子《ようす》を
知《し》らせること。

(令和二年度版　教育出版　ひろがる言葉　小学国語　三下　太田《おおた》　幸夫《ゆきお》)

1 (1) 絵文字《えもじ》の特長《とくちょう》を考《かんが》えると、何《なに》が、㋐はっきりしてきますか。

わたしたちのくらしの中《なか》で
**絵文字** が **たくさん**
つかわれている **理由** が
はっきりしてきます。

2 (1) これからのわたしたちの
くらしは、何《なに》をぬきにしては、
なり立《た》ちませんか。

**外国** との **交流**

(2) ひっしゃの考《かんが》えと、合《あ》うものに、
○をつけましょう。

(　)絵文字《えもじ》は外国《がいこく》との交流《こうりゅう》の
場面《ばめん》で役《やく》に立《た》たない。

(　)絵文字《えもじ》は、わたしたちの
くらしの中《なか》で、使《つか》われなくなる。

(○)絵文字《えもじ》は、さまざまな
くらしの場面《ばめん》で、大切《たいせつ》な
役《やく》わりをはたすことになる。



## 26 頁

### おにたのぼうし (1)

名前

● 次《つぎ》のあらすじと文章《ぶんしょう》を二回《にかい》読《よ》んで、答《こた》えましょう。

節分《せつぶん》の夜《よる》、まこと君《くん》が豆《まめ》まきを始《はじ》めました。「福《ふく》はあ内《うち》。おにはあ外《そと》。」と、いりたての豆《まめ》を家中《いえじゅう》にまいて、さらに物置《ものおき》小屋《ごや》にもまくことにしました。この物置《ものおき》小屋《ごや》には、「おにた」という、気《き》のいい小《ちい》さな黒《くろ》おにの子《こ》どもが住《す》んでいました。おにたは豆《まめ》まきの音《おと》を聞《き》きながら、「人間《にんげん》っておかしいな。おには悪《わる》いって、決《き》めているんだから。」と思《おも》いました。そして、角《つの》かくしの古《ふる》い麦《むぎ》わらぼうしをかぶって、物置《ものおき》小屋《ごや》を出《で》ていきました。粉雪《こなゆき》がふる中《なか》、おにたは、豆《まめ》のにおいのしない家《いえ》をみつけ、そろりと中《なか》に入《はい》りました。そして、てんじょうのはりの上《うえ》にかくれました。

1

部屋《へや》のまん中《なか》に、
うすいふとんが
しいてあります。
ねているのは、
女《おんな》の子《こ》の
お母《かあ》さんでした。

2

女《おんな》の子《こ》は、新《あたら》しい雪《ゆき》で
ひやしたタオルを、
お母《かあ》さんのひたいに
のせました。

※ひたい…おでこ

(令和二年度版　教育出版　ひろがる言葉　小学国語　三下　あまんきみこ)

1 (1) 部屋《へや》のまん中《なか》にしいてあるのは、
どんなふとんですか。

**うすい** ふとん。

(2) ねているのは、だれのお母《かあ》さん
ですか。

**女の子** のお母《かあ》さん

2 (1) 女《おんな》の子《こ》は、どんなタオルを、
お母《かあ》さんのひたいにのせましたか。

**新しい雪** で **ひやした** タオル。



## 27 頁

### おにたのぼうし (2)

名前

● 次《つぎ》の文章《ぶんしょう》を二回《にかい》読《よ》んで、答《こた》えましょう。
女《おんな》の子《こ》は、雪《ゆき》でひやしたタオルを、
お母《かあ》さんのひたいにのせました。

1

すると、お母《かあ》さんが、
㋐ねつでうるんだ目《め》を
うっすらと開《あ》けて
言《い》いました。

2

あ「おなかがすいたでしょう？」
女《おんな》の子《こ》は、
はっとしたように
くちびるをかみました。
でも、けんめいに顔《かお》を
横《よこ》にふりました。
そして、
い「いいえ、すいてないわ。」
と答《こた》えました。

※けんめいに…いっしょうけんめい。
せいいっぱい。

(令和二年度版　教育出版　ひろがる言葉　小学国語　三下　あまんきみこ)

1 (1) ㋐ねつでうるんだ目《め》から、
お母《かあ》さんの、どんな様子《ようす》が
わかりますか。○をつけましょう。

(○)ねつが高《たか》くて、つらい様子《ようす》。

(　)ねむくて、あくびを
たくさんしている様子《ようす》

2 (1) あの言葉《ことば》は、①だれが、②だれに
言《い》った言葉《ことば》ですか。

① だれ（が）

**お母さん** が

② だれ（に）

**女の子** に

(2) いの言葉《ことば》を言《い》ったときの、
女《おんな》の子《こ》の気持《きも》ちとして、考《かんが》えられる
ものに、○をつけましょう。

(○)おなかがすいているけれど、
お母《かあ》さんに心配《しんぱい》をかけたくない。

(　)ほんとうに、おなかはすいて
いないから、聞《き》かないでほしい。

## 28頁

### おにたのぼうし (3)

名前

● 次《つぎ》の文章《ぶんしょう》を二回《にかい》読《よ》んで、答《こた》えましょう。
女《おんな》の子《こ》は「いいえ、（おなかは）すいてないわ。」と答《こた》えました。

1

あ「あたし、さっき、食《た》べたの。あのねえ……、あのねえ……、お母《かあ》さんがねむっている時《とき》。」
と話《はな》しだしました。
い「ア知《し》らない男《おとこ》の子《こ》が、持《も》ってきてくれたの。あったかい赤《あか》ごはんと、うぐいす豆《まめ》よ。今日《きょう》は節分《せつぶん》でしょう。だから、ごちそうがあまったって。」

2

お母《かあ》さんは、ほっとしたようにうなずいて、また、とろとろねむってしまいました。すると、女《おんな》の子《こ》が、フーッと長《なが》いため息《いき》をつきました。

（令和二年度版　教育出版　ひろがる言葉　小学国語　三下　あまんきみこ）

1

(1) あといの言葉《ことば》は、同《おな》じ人《ひと》が言《い》った言葉《ことば》です。①だれが、②だれに言《い》った言葉《ことば》ですか。

① だれ（が）　女の子 が

② だれ（に）　お母さん に

(2) ア知《し》らない男《おとこ》の子《こ》が、何《なに》を持《も》ってきてくれたと言《い》っていますか。

あったかい 赤ごはん と うぐいす豆 。

2

(1) 女《おんな》の子《こ》からごはんを食《た》べた話《はなし》を聞《き》いて、お母《かあ》さんは、どのようにうなずきましたか。

ほっとした ようにうなずいた。



## 29頁

### おにたのぼうし (4)

名前

● 次《つぎ》の文章《ぶんしょう》を二回《にかい》読《よ》んで、答《こた》えましょう。
女《おんな》の子《こ》が、長《なが》いため息《いき》をつきました。

1

おにたは、なぜか、せなかがむずむずするようで、じっとしていられなくなりました。
ア、こっそりはりをつたって、台所《だいどころ》に行《い》ってみました。

※はり…柱《はしら》の上《うえ》にわたして、屋根《やね》の重《おも》みをささえる横木《よこぎ》

2

あ「ははあん――。」
台所《だいどころ》は、かんからかんにかわいています。米《こめ》つぶ一《ひと》つありません。大根一切《だいこんひと》きれありません。
「あの子《こ》、何《なに》も食《た》べちゃいないんだ。」
おにたは、もうむちゅうで、台所《だいどころ》のまどのやぶれた所《ところ》から、寒《さむ》い外《そと》へとび出《だ》していきました。

（令和二年度版　教育出版　ひろがる言葉　小学国語　三下　あまんきみこ）

1

(1) アに入《はい》る言葉《ことば》に○をつけましょう。

（○）それで
（　）そのうえ

(2) じっとしていられなくなったおにたは、どこに行《い》ってみましたか。

台所

2

(1) あの言葉《ことば》は、だれが言《い》った言葉《ことば》ですか。

おにた

(2) おにたは台所《だいどころ》の様子《ようす》を見《み》て、どんなことに、気《き》がつきましたか。

女《おんな》の子《こ》が 何も食べていない こと。



## 30頁

### おにたのぼうし (5)

名前

● 次《つぎ》の文章《ぶんしょう》を二回《にかい》読《よ》んで、答《こた》えましょう。

1

それからしばらくして、入《い》り口《ぐち》をトントンとたたく音《おと》がします。
あ「今《いま》ごろ、だれかしら？」
女《おんな》の子《こ》が出《で》ていくと、雪《ゆき》まみれの麦《むぎ》わらぼうしを深《ふか》くかぶったア男《おとこ》の子《こ》が立《た》っていました。
そして、ふきんをかけたおぼんのような物《もの》をさし出《だ》したのです。

2

い「節分《せつぶん》だから、ごちそうがあまったんだ。」
おにたは、一生《いっしょう》けんめい、さっきイ女《おんな》の子《こ》が言《い》ったとおりに言《い》いました。

（令和二年度版　教育出版　ひろがる言葉　小学国語　三下　あまんきみこ）

1

(1) 入《い》り口《ぐち》をたたく音《おと》を文中《ぶんちゅう》から四文字《よんもじ》で書《か》き出《だ》しましょう。

トントン

(2) あの言葉《ことば》は、だれが言《い》った言葉《ことば》ですか。

女の子

(3) ア男《おとこ》の子《こ》は、どんな様子《ようす》でしたか。□に言葉《ことば》を書《か》きましょう。

雪まみれ の 麦わらぼうし を深《ふか》くかぶった男《おとこ》の子《こ》。

2

(1) いの言葉《ことば》は、だれが、だれに言《い》った言葉《ことば》ですか。○をつけましょう。

（　）女《おんな》の子《こ》がおにたに言《い》った。
（○）おにたが女《おんな》の子《こ》に言《い》った。

(2) イ女《おんな》の子《こ》が言《い》ったとおりに、おにたが言《い》った言葉《ことば》を書《か》きましょう。

節分 だから ごちそう があまったんだ。



## 31頁

### おにたのぼうし (6)

名前

● 次《つぎ》の文章《ぶんしょう》を二回《にかい》読《よ》んで、答《こた》えましょう。
男《おとこ》の子《こ》が、ふきんをかけたおぼんのような物《もの》をさし出《だ》したのです。
「節分《せつぶん》だから、ごちそうがあまったんだ。」

1

女《おんな》の子《こ》はびっくりして、もじもじしました。
「あたしにくれるの？」
そっとアふきんを取《と》ると、温《あたた》かそうな赤《あか》ごはんと、うぐいす色《いろ》のに豆《まめ》が、湯気《ゆげ》をたてています。
女《おんな》の子《こ》の顔《かお》が、ぱっと赤《あか》くなりました。そして、にこっとわらいました。

※もじもじ…はずかしがったり、まよったりするようす。

2

女《おんな》の子《こ》がはしを持《も》ったまま、ふっと何《なに》か考《かんが》えこんでいます。
あ「どうしたの？」
おにたがイ心配《しんぱい》になってきくと、
い「もう、みんな、豆《まめ》まきすんだかな、と思《おも》ったの。」
と答《こた》えました。

（令和二年度版　教育出版　ひろがる言葉　小学国語　三下　あまんきみこ）

1

(1) アふきんを取《と》ると、何《なに》が湯気《ゆげ》をたてていましたか。二《ふた》つ書《か》きましょう。

温かそうな赤ごはん
うぐいす色のに豆

(2) ふきんを取《と》った時《とき》の、女《おんな》の子《こ》の様子《ようす》を、文中《ぶんちゅう》の言葉《ことば》で二《ふた》つ書《か》きましょう。

顔《かお》が ぱっと赤くなりました。
にこっとわらいました。

2

(1) あといの言葉《ことば》は、だれが言《い》った言葉《ことば》ですか。

あ おにた
い 女の子

(2) おにたは、なぜ、イ心配《しんぱい》になったのですか。○をつけましょう。

（　）女《おんな》の子《こ》がはしを持《も》っていなかったから。
（○）女《おんな》の子《こ》が考《かんが》えこんでいたから。

# 解答例

本書の解答は，あくまでもひとつの例です。児童に取り組ませる前に，必ず指導される方が問題を解いてください。指導される方の作られた解答をもとに，児童の多様な考えに寄り添って○つけをお願いします。

## 32頁

### おにたのぼうし (7)

名前

● 次《つぎ》の文章《ぶんしょう》を二回《にかい》読《よ》んで、答《こた》えましょう。

1 とう場人物《じょうじんぶつ》 おにた・女《おんな》の子《こ》

あ「あたしも、豆《まめ》まき、
したいなあ。」
い「なんだって？」
おにたはとび上《あ》がりました。
う「だって、おにが来《く》れば、
きっと、お母《かあ》さんの病気《びょうき》が
悪《わる》くなるわ。」
おにたは、手《て》をだらんと
下《さ》げて、ふるふるっと、ア
身《み》ぶるいして言《い》いました。
え「おにだって、
いろいろあるのに。
おにだって……イ。」

2

氷《こおり》がとけたように、
急《きゅう》におにたが
いなくなりました。
あとには、
あの麦《むぎ》わらぼうしだけが、
ぽつんとのこっています。

（令和二年度版 教育出版 ひろがる言葉 小学国語 三下 あまんきみこ）

1 (1) あいうえの言葉《ことば》は、だれが言《い》った言葉《ことば》ですか。

あ 女の子　い おにた
う 女の子　え おにた

(2) ア に入《はい》る言葉《ことば》に、○をつけましょう。

（　）うれしそうに
（○）悲《かな》しそうに

(3) イ……。で、おにたが言《い》いたかった言葉《ことば》を考《かんが》えて、書《か》きましょう。

(例) いい(やさしい)おにもいるのに。

2 (1) おにたは、どんなふうに、急《きゅう》にいなくなりましたか。

氷がとけた ように

(2) おにたがいなくなったあとには、何《なに》がのこっていましたか。

麦わらぼうし



## 33頁

### ちいちゃんのかげおくり (1)

名前

● 次《つぎ》の文章《ぶんしょう》を二回《にかい》読《よ》んで、答《こた》えましょう。

「かげおくり」って
あそびを
ちいちゃんに
おしえてくれたのは、
おとうさんでした。
しゅっせいする　まえの日《ひ》、
おとうさんは、
ちいちゃん、おにいちゃん、
おかあさんを　つれて、
せんぞの　アはかまいりに
いきました。
そのかえりみち、
青《あお》い　空《そら》を　見上《みあ》げた
おとうさんが
イつぶやきました。
「かげおくりの
よくできそうな
空《そら》だなあ。」
※しゅっせい…ぐんたいに入《はい》って、
いくさ（せんそう）に
いくこと。

（あかね書房　一九八二年発行　ちいちゃんのかげおくり　あまん　きみこ）

(1) 「かげおくり」というあそびを、①だれが、②だれに、おしえてくれましたか。

① だれ（が）　おとうさん が
② だれ（に）　ちいちゃん に

(2) いつ、アはかまいりにいきましたか。

おしえてくれた。
しゅっせい する
まえの日《ひ》。

(3) アはかまいりは、何人《なんにん》で行《い》きましたか。

四 人《にん》

(4) おとうさんは、何《なん》と イつぶやきましたか。

かげおくり の よく
できそうな
空 だなあ。



## 34頁

### ちいちゃんのかげおくり (2)

名前

● 次《つぎ》の文章《ぶんしょう》を二回《にかい》読《よ》んで、答《こた》えましょう。

おとうさんは、ちいちゃん、おにいちゃん、おかあさんをつれて、せんぞのはかまいりにいきました。

あ「えっ、かげおくり？」
と、おにいちゃんが
ききかえしました。
い「かげおくりって、なあに？」
と、ちいちゃんも
たずねました。
「とお、かぞえるあいだ、
かげぼうしを　じっと
見《み》つめるのさ。とお、
といったら、空《そら》を　見上《みあ》げる。
すると、かげぼうしが
そっくり　空《そら》に
うつってみえる。」
と、おとうさんが
せつめいしました。
「とうさんや　かあさんが
ア子《こ》どものときに、
よくあそんだものさ。」
う「ね。いま、みんなで
やってみましょうよ。」
と、おかあさんが　よこから
いいました。
※かげぼうし…光《ひかり》が当《あ》たって、かべや地面《じめん》
などにうつる、人《ひと》のかげ。

（あかね書房　一九八二年発行　ちいちゃんのかげおくり　あまん　きみこ）

(1) あの言葉《ことば》は、だれが言《い》った言葉《ことば》ですか。

おにいちゃん

(2) いの言葉《ことば》は、だれが言《い》った言葉《ことば》ですか。

ちいちゃん

(3) かげおくりのせつ明《めい》です。じゅんばんどおりになるように、（　）に1・2・3の数字《すうじ》を書《か》きましょう。

（3）かげぼうしが、空《そら》に
うつって見《み》える。
（1）とお、かぞえるあいだ、
かげぼうしをじっと見つめる。
（2）とお、といったら、空《そら》を
見上《みあ》げる。

(4) だれが、ア子《こ》どものとき、よくあそんだのですか。

とうさん や かあさん が
子《こ》どものとき。

(5) うの言葉《ことば》は、だれが言《い》った言葉《ことば》ですか。

おかあさん



## 35頁

### ちいちゃんのかげおくり (3)

名前

● 次《つぎ》の文章《ぶんしょう》を二回《にかい》読《よ》んで、答《こた》えましょう。

はかまいりのかえりみち、おとうさんが、「かげおくり」というあそびをおしえてくれました。

ちいちゃんと
おにいちゃんを　中《なか》にして、
ア四人《よにん》は　手《て》を
つなぎました。
そして、みんなで
かげぼうしに、
イ目《め》を　おとしました。
「まばたきしちゃ、だめよ。」
と、おかあさんが
ウちゅういしました。
「まばたきしないよ。」
ちいちゃんと
おにいちゃんが
エやくそくしました。

（あかね書房　一九八二年発行　ちいちゃんのかげおくり　あまん　きみこ）

(1) ア四人《よにん》とは、だれのことですか。

おとうさん　おかあさん
おにいちゃん　ちいちゃん

(2) イ目《め》を　おとしましたと、同《おな》じことを表《あらわ》すもの一《ひと》つに、○をつけましょう。

（　）きょろきょろしました。
（○）下《した》を見《み》ました。
（　）見上《みあ》げました。

(3) ウちゅういしましたか。何《なに》をしたらだめだと、おかあさんは、ちゅういしましたか。

まばたき

(4) エやくそくしましたか。だれと、だれが、やくそくしましたか。

ちいちゃん と おにいちゃん

36頁

## ちいちゃんのかげおくり (4)

名前

● 次《つぎ》の文章《ぶんしょう》を二回《にかい》読《よ》んで、答《こた》えましょう。

あ「ひとーつ、ふたーつ、みーっつ。」
と、おとうさんが
かぞえだしました。
い「よーっつ、いつーつ、むーっつ。」
と、おかあさんの　こえも、
かさなりました。
う「なーつ、やーっつ、
　ここのーつ。」
ちいちゃんと　おにいちゃんも、
いっしょに　かぞえだしました。
「とお！」
目《め》の　うごきと
いっしょに、
白《しろ》い　四《よっ》つの
かげぼうしが、
ア すうっと　空《そら》に
上《あ》がりました。

（あかね書房　一九八二年発行　ちいちゃんのかげおくり　あまん　きみこ）

(1) あの言葉《ことば》は、だれが言《い》った言葉《ことば》ですか。

おとうさん

(2) いの言葉《ことば》は、だれと、だれが言《い》った言葉《ことば》ですか。

おとうさん と おかあさん

(3) うの言葉《ことば》は、何人《なんにん》で言《い》っていますか。

四 人《にん》

(4) アすうっと　空《そら》に　上《あ》がったものは、何《なん》ですか。

（白い）四つのかげぼうし



37頁

## ちいちゃんのかげおくり (5)

名前

● 次《つぎ》のあらすじと文章《ぶんしょう》を二回《にかい》読《よ》んで、答《こた》えましょう。

おとうさんがしゅっせいするまえの日《ひ》、はかまいりのかえりみちに、「かげおくり」というあそびをしています。

あ「すごーい。」
と、おにいちゃんが
いいました。
い「すごーい。」
と、ちいちゃんも　いいました。
う「きょうの、
　きねんしゃしんだなあ。」
と、おとうさんが　いいました。
「大《おお》きな
ア きねんしゃしんだこと。」
と、おかあさんが　いいました。

（あかね書房　一九八二年発行　ちいちゃんのかげおくり　あまん　きみこ）

(1) あは、だれが言《い》った言葉《ことば》ですか。

おにいちゃん

(2) いは、だれが言《い》った言葉《ことば》ですか。

ちいちゃん

(3) うは、だれが言《い》った言葉《ことば》ですか。

おとうさん

(4) アきねんしゃしんと、ありますが、何《なん》のきねんでしょうか。○をつけましょう。

（○）おとうさんが、しゅっせいするまえの、かぞくがそろったきねん。
（　）まいにちとっている、きねんのしゃしん。



38頁

## ちいちゃんのかげおくり (6)

名前

● 次《つぎ》の文章《ぶんしょう》を二回《にかい》読《よ》んで、答《こた》えましょう。

はかまいりのあとに、「かげおくり」というあそびをしました。

ア つぎの日《ひ》。
おとうさんは、白《しろ》い
たすきを　かたから
ななめに　かけ、
イ 日《ひ》の丸《まる》の　はたに
おくられて、
れっしゃに
のりました。
あ「からだの　よわい
おとうさんまで
いくさに　いかなければ
ならないなんて。」
おかあさんが　ぽつんと
いったのが、ちいちゃんの
耳《みみ》には　きこえました。

（あかね書房　一九八二年発行　ちいちゃんのかげおくり　あまん　きみこ）

(1) 何《なに》の　アつぎの日《ひ》ですか。○をつけましょう。

（　）れっしゃに　のった　つぎの日《ひ》。
（○）かげおくりを　した　つぎの日《ひ》。

(2) イ日《ひ》の丸《まる》の　はたに　おくられてとは、どんな様子《ようす》ですか。○をつけましょう。

（○）あつまった人《ひと》が、日《ひ》の丸《まる》のはたをふって、おとうさんを見《み》おくる様子《ようす》。
（　）おとうさんが、日《ひ》の丸《まる》のはたをもらって、れっしゃにのった様子《ようす》。

(3) あの言葉《ことば》を言《い》った、お母《かあ》さんの気《き》もちに　あてはまるものに、○をつけましょう。

（　）からだのよわいおとうさんにも、がんばっていくさにいってほしい気《き》もち。
（○）からだのよわいおとうさんには、いくさにいってほしくない気《き》もち。



39頁

## ちいちゃんのかげおくり (7)

名前

● 次《つぎ》の文章《ぶんしょう》を二回《にかい》読《よ》んで、答《こた》えましょう。

おとうさんは、ちいちゃんとおにいちゃんに、「かげおくり」というあそびを、おしえてくれました。

ちいちゃんと
おにいちゃんは、
かげおくりをして
あそぶように　なりました。
ばんざいをした
かげおくり。
かた手《て》を　上《あ》げた
かげおくり。
足《あし》を　ひらいた
かげおくり。
いろいろな　かげを
空《そら》に　おくりました。

（あかね書房　一九八二年発行　ちいちゃんのかげおくり　あまん　きみこ）

(1) 「かげおくり」を　おしえてくれたのは　だれですか。○をつけましょう。

（○）おとうさん
（　）おかあさん

(2) ちいちゃんとおにいちゃんは、どんなかげおくりをしてあそびましたか。三《みっ》つ書《か》きましょう。

ばんざいをした　かげおくり。
かた手を　上げた　かげおくり。
足を　ひらいた　かげおくり。

本書の解答は，あくまでもひとつの例です。児童に取り組ませる前に，必ず指導される方が問題を解いてください。指導される方の作られた解答をもとに，児童の多様な考えに寄り添って○つけをお願いします。

## 40頁

ちいちゃんの かげおくり (8)

名前

● 次《つぎ》の文章《ぶんしょう》を二回《にかい》読《よ》んで、答《こた》えましょう。

けれど、いくさが
はげしくなって、
かげおくりなど
できなくなりました。
この町《まち》の　空《そら》にも、
しょういだんや
ばくだんを
つんだ　ひこうきが
とんでくるように
なりました。
そうです。ひろい　空《そら》は
たのしい　ところではなく、
とても　こわい　ところに
かわりました。

※しょういだん…たてものや　まわりを
やきはらう　ばくだん。

（あかね書房　一九八二年発行　ちいちゃんのかげおくり　あまん　きみこ）

(1) なぜ、かげおくりなど、できなくなったのですか。

いくさが　**はげしく**　なったから。

(2) どんなひこうきが、とんでくるようになりましたか。

**しょういだん** や **ばくだん** を　つんだ　ひこうき

(3) ひろい空《そら》は、どのようにかわりましたか。□にあてはまる言葉《ことば》を書《か》きましょう。

ひろい　空《そら》は　**たのしい**　ところでは　なく、とても　**こわい**　ところに　かわりました。



## 41頁

ちいちゃんの かげおくり (9)

名前

● 次《つぎ》の文章《ぶんしょう》を二回《にかい》読《よ》んで、答《こた》えましょう。

なつの　はじめの　ある夜《よ》、
くうしゅうけいほうの
サイレンで、
㋐ちいちゃんたちは
㋑目《め》が　さめました。
㋐「さあ、いそいで。」
おかあさんの　こえ。
そとに　出《で》ると、
もう、㋒あかい　火《ひ》が
あちこちに
あがっていました。

※くうしゅうけいほう…
ひこうきでのてきの　こうげきの
しらせ。

（あかね書房　一九八二年発行　ちいちゃんのかげおくり　あまん　きみこ）

(1) ㋐ちいちゃんたちとは、だれのことですか。○をつけましょう。

( ) ちいちゃんと、おとうさんと、おかあさん

(○) ちいちゃんと、おかあさんと、おにいちゃん

(2) ちいちゃんたちは、なぜ、㋑目が　さめたのですか。

**くうしゅうけいほうの　サイレンがなったから。**

(3) ㋐は、①だれが、②だれと、おにいちゃんに言《い》った言葉《ことば》ですか。

① だれ（が）　**おかあさん**　が

② だれ（と）　**ちいちゃん**　と　おにいちゃんに　言《い》った言葉《ことば》。

(4) ㋒と同《おな》じ様子《ようす》を表《あらわ》すほうに、○をつけましょう。

(○) ばくだんがおちて、あちこちで家《いえ》がもえている様子《ようす》。

( ) あかい花火《はなび》が、空《そら》の上《うえ》でひろがっている様子《ようす》。



## 42頁

ちいちゃんの かげおくり (10)

名前

● 次《つぎ》の文章《ぶんしょう》を二回《にかい》読《よ》んで、答《こた》えましょう。

そとに出《で》ると、もう、あかい　火《ひ》が
あちこちに　あがっていました。

おかあさんは、
ちいちゃんと
おにいちゃんを
りょう手《て》に
つないで
はしりました。
かぜの　つよい日《ひ》でした。
㋐「こっちに　火《ひ》が　まわるぞ。」
「川《かわ》のほうに　にげるんだ。」
だれかが　さけんでいます。
㋑かぜが
あつくなってきました。
ほのおの　うずが
おいかけてきます。

（あかね書房　一九八二年発行　ちいちゃんのかげおくり　あまん　きみこ）

(1) おかあさんは、ちいちゃんと、おにいちゃんを、どのようにしてはしりましたか。

**りょう手に　つないで**　はしりました。

(2) ㋐こっちに　火《ひ》がまわるぞとは、どんな様子《ようす》ですか。○をつけましょう。

( ) 空《そら》の上《うえ》で、もえている火《ひ》が、くるくると　まわっている。

(○) ちいちゃんたちのいるほうに、火《ひ》がもえうつってくる。

(3) ㋑かぜが　あつくなってきました。から、どんなことがわかりますか。○をつけましょう。

(○) 火《ひ》が　ちいちゃんたちにちかづいてきたこと。

( ) なつの　あつい日《ひ》だ　ということ。



## 43頁

ちいちゃんの かげおくり (11)

名前

● 次《つぎ》の文章《ぶんしょう》を二回《にかい》読《よ》んで、答《こた》えましょう。

おかあさんは、ちいちゃんを
だきあげて　はしりました。
㋐「おにいちゃん、
はぐれちゃだめよ。」
おにいちゃんが
ころびました。
足《あし》から　血《ち》が　出《で》ています。
ひどい　けがです。
おかあさんは、
おにいちゃんを
おんぶしました。
㋑「さあ、ちいちゃん、
かあさんと
しっかり　はしるのよ。」

※はぐれる…いっしょに　いた人《ひと》を
みうしなうこと。

（あかね書房　一九八二年発行　ちいちゃんのかげおくり　あまん　きみこ）

(1) おかあさんは、だれをだきあげてはしりましたか。

**ちいちゃん**

(2) ころんだのは、だれですか。

**おにいちゃん**

(3) おかあさんは、だれをおんぶしましたか。

**おにいちゃん**

(4) ㋐と㋑の言葉《ことば》は、お母《かあ》さんが言《い》った言葉《ことば》です。どんな気《き》もちで言《い》いましたか。○をつけましょう。

( ) おにいちゃんも、ちいちゃんも、おかあさんと　いっしょぐらいはやく　はしれるかたのしみだな。

(○) おにいちゃんも、ちいちゃんも、ぜったいに　いくさからまもりたい。

本書の解答は，あくまでもひとつの例です。児童に取り組ませる前に，必ず指導される方が問題を解いてください。指導される方の作られた解答をもとに，児童の多様な考えに寄り添って○つけをお願いします。

# 解答例

## 44頁

### ちいちゃんのかげおくり (12)

名前

● 次《つぎ》の文章《ぶんしょう》を二回《にかい》読《よ》んで、答《こた》えましょう。

「さあ、ちいちゃん、かあさんとしっかりはしるのよ。」と、おかあさんはいいました。

けれど、たくさんの人《ひと》に
おいぬかれたり、
ぶつかったり……、
ちいちゃんは、
おかあさんと　㋐はぐれました。
「おかあちゃん、
おかあちゃん。」
㋑ちいちゃんは　さけびました。
そのとき、
㋒しらない
おじさんが
いいました。
「おかあちゃんは、
あとから　くるよ。」
その　おじさんは、
ちいちゃんを　だいて
はしってくれました。

（あかね書房　一九八二年発行　ちいちゃんのかげおくり　あまん　きみこ）

(1) ちいちゃんは、なぜおかあさんと㋐はぐれましたか。

たくさんの人《ひと》に　**おいぬかれたり、ぶつかったり**　したから。

(2) ㋑ちいちゃんはさけびました。とありますが、このときの、ちいちゃんの気《き》もちを考《かんが》えて書《か》きましょう。

（例）**おかあさんとはぐれてこわい気もち。**

(3) ㋒しらないおじさんは、何《なん》といいましたか。文中《ぶんちゅう》から書《か》き出《だ》しましょう。

**おかあちゃんは、あとから　くるよ。**

(4) ㋒しらないおじさんは、ちいちゃんに、何《なに》をしてくれましたか。

ちいちゃんを　**だいて**　はしってくれました。



## 45頁

### ちいちゃんのかげおくり (13)

名前

● 次《つぎ》の文章《ぶんしょう》を二回《にかい》読《よ》んで、答《こた》えましょう。

ちいちゃんは、おかあさんとはぐれました。

くらい　はしの下《した》に、
たくさんの人《ひと》が
あつまっていました。
ちいちゃんの　目《め》に、
おかあさんらしい人《ひと》が
㋐見《み》えました。
あ「おかあちゃん。」
と、ちいちゃんが　さけぶと、
おじさんは、
い「見《み》つかったかい、よかった、
よかった。」
と、おろしてくれました。
でも、㋑その人《ひと》は、
おかあさんでは
ありませんでした。
ちいちゃんは、
ひとりぼっちに
なりました。
ちいちゃんは、㋒たくさんの
人《ひと》たちの中《なか》で　ねむりました。

（あかね書房　一九八二年発行　ちいちゃんのかげおくり　あまん　きみこ）

(1) ちいちゃんの目《め》に、何《なに》が㋐見《み》えましたか。

**おかあさんらしい人**

(2) あの言葉《ことば》はだれが言《い》った言葉《ことば》ですか。

**ちいちゃん**

(3) いの言葉《ことば》はだれが言《い》った言葉《ことば》ですか。

**おじさん**

(4) ㋑その人《ひと》はだれでしたか。○をつけましょう。

(　)ちいちゃんのおかあさん
(○)おかあさんらしい人《ひと》

(5) ちいちゃんは、どこで㋒ねむりましたか。

**たくさんの人たち**　の中《なか》



## 46頁

### ちいちゃんのかげおくり (14)

名前

● 次《つぎ》の文章《ぶんしょう》を二回《にかい》読《よ》んで、答《こた》えましょう。

あさに　なりました。
町《まち》の　ようすは、すっかり
かわっています。
あちこち、けむりが
のこっています。
㋐どこが　うちなのか……。
「ちいちゃんじゃないの？」
という　㋑こえ。
ふりむくと、はすむかいの
うちの　おばさんが
立《た》っています。

※はすむかい…ななめまえ

（あかね書房　一九八二年発行　ちいちゃんのかげおくり　あまん　きみこ）

(1) 町《まち》のようすは、どうなっていますか。

すっかり　**かわっています**。
あちこち、**けむり**が　のこっています。

(2) ㋐どこが　うちなのかと思《おも》ったのは、だれですか。

**ちいちゃん**

(3) だれの　㋑こえ　でしたか。

**はすむかいのうちのおばさん**



## 47頁

### ちいちゃんのかげおくり (15)

名前

● 次《つぎ》の文章《ぶんしょう》を二回《にかい》読《よ》んで、答《こた》えましょう。

あ「おかあちゃんは？
おにいちゃんは？」
と、おばさんが
たずねました。
ちいちゃんは、なくのを
やっと　こらえて、いいました。
い「おうちのとこ。」
う「そう、おうちに
もどっているのね。
おばちゃん、いまから
かえる　ところよ。
いっしょに　いきましょうか。」
おばさんは、ちいちゃんの
手《て》を　つないでくれました。
㋐二人《ふたり》は　あるきだしました。

※こらえる…がまんする

（あかね書房　一九八二年発行　ちいちゃんのかげおくり　あまん　きみこ）

(1) あの言葉《ことば》は、だれが言《い》った言葉《ことば》ですか。

**おばさん**

(2) いの言葉《ことば》は、だれが言《い》った言葉《ことば》ですか。

**ちいちゃん**

(3) うの言葉《ことば》は、だれが言《い》った言葉《ことば》ですか。

**おばさん**

(4) ㋐二人《ふたり》とは、だれとだれのことですか。

**ちいちゃん**　と　**おばさん**

本書の解答は，あくまでもひとつの例です。児童に取り組ませる前に，必ず指導される方が問題を解いてください。指導される方の作られた解答をもとに，児童の多様な考えに寄り添って○つけをお願いします。

## 48頁

ちいちゃんのかげおくり (16)

名前

● 次《つぎ》の文章《ぶんしょう》を二回《にかい》読《よ》んで、答《こた》えましょう。

いえは、やけおちて
なくなっていました。
あ「ここが　おにいちゃんと
あたしの　へや。」
ちいちゃんが
しゃがんでいると、
おばさんが
やってきて
いいました。
い「おかあちゃんたち、ここに
かえってくるの?」
ちいちゃんは、ア ふかく
うなずきました。
「じゃあ、だいじょうぶね。
あのね、おばちゃんは、
いまから、おばちゃんの
おとうさんの　うちに
いくからね。」
ちいちゃんは、また
ふかく　うなずきました。

（あかね書房　一九八二年発行　ちいちゃんのかげおくり　あまん　きみこ）

(1) いえは、どうなっていましたか。

いえは、［やけおち］て［なくなって］いました。

(2) あの言葉《ことば》は、だれが言《い》った言葉《ことば》ですか。

［ちいちゃん］

(3) いの言葉《ことば》は、だれが言《い》った言葉《ことば》ですか。

［おばさん］

(4) ちいちゃんは、ア ふかく　うなずきました。とありますが、このときのちいちゃんの気《き》もちを考《かんが》えて書《か》きましょう。

（例）
・おかあさんたちは、ぜったいに　ここにかえってくる。
・ここでまっていたら、おかあさんたちにまた　あえる。



## 49頁

ちいちゃんのかげおくり (17)

名前

● ちいちゃんは、はすむかいのおばさんと、おうちのところにいきました。
次《つぎ》の文章《ぶんしょう》を二回《にかい》読《よ》んで、答《こた》えましょう。

その夜《よ》。
ちいちゃんは、
ざつのうの中《なか》に　入《い》れてある
ほしいいを　すこし
たべました。
そして、こわれかかった
くらい　ぼうくうごうの中《なか》で
ねむりました。
あ(おかあちゃんと
おにいちゃんは、
きっと　かえってくるよ。)

※ざつのう…いろいろなものを　入《い》れて
かたから　かける　かばん。
※ほしいい…たいた米《こめ》を　ほして
かわかしたもの。
※ぼうくうごう…
ひこうきからの　てきのこうげき
から　みをまもるために　じめんを
ほって作《つく》ったあな。

（あかね書房　一九八二年発行　ちいちゃんのかげおくり　あまん　きみこ）

(1) ちいちゃんは、何《なに》を食《た》べましたか。

ざつのうの中《なか》に入《い》れてある［ほしいい］

(2) ちいちゃんは、どこでねむりましたか。

こわれかかった　くらい［ぼうくうごう］の中《なか》

(3) あ(おかあちゃんとおにいちゃんは、きっと　かえってくるよ。)と思《おも》っているのは、だれですか。

［ちいちゃん］



## 50頁

ちいちゃんのかげおくり (18)

名前

● おばちゃんとわかれた夜《よる》、ちいちゃんは、ほしいいをすこしたべて、こわれかかったぼうくうごうの中《なか》でねむりました。
次《つぎ》の文章《ぶんしょう》を二回《にかい》読《よ》んで、答《こた》えましょう。

くもった　あさが　きて、
ひるが　すぎ、
また、くらい　よるが
きました。
ちいちゃんは、
ざつのうの中《なか》の　ほしいいを、
また　すこし　かじりました。
そして、こわれかかった
ぼうくうごうの中《なか》で
ねむりました。

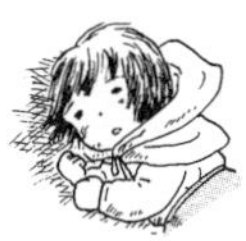

（あかね書房　一九八二年発行　ちいちゃんのかげおくり　あまん　きみこ）

(1) □に、「あさ」・「ひる」・「よる」の中《なか》の、あてはまる言葉《ことば》を書《か》きましょう。

くもった［あさ］が　きて、
［ひる］が　すぎ、
また、くらい［よる］が
きました。

(2) おばちゃんとわかれてから、ちいちゃんは、どのようにすごしましたか。じゅんばんになるように１・２・３のすう字《じ》を（　）に書《か》きましょう。

（２）あさがきて、ひるがすぎ、よるがきました。
（１）おばちゃんとわかれた夜《よる》、ほしいいを　すこしたべて、ぼうくうごうの中《なか》でねむりました。
（３）ほしいいを、また　すこしかじって、ぼうくうごうの中《なか》でねむりました。



## 51頁

ちいちゃんのかげおくり (19)

名前

● 次《つぎ》の文章《ぶんしょう》を二回《にかい》読《よ》んで、答《こた》えましょう。

あかるい　ひかりが
かおに　あたって、
目《め》が　さめました。
ア(まぶしいな。)
ちいちゃんは、
あついような　さむいような
イ 気《き》がしました。
ウ ひどく　のどが
かわいています。
いつのまにか、たいようは、
たかく　上《あ》がっていました。

（あかね書房　一九八二年発行　ちいちゃんのかげおくり　あまん　きみこ）

(1) ア まぶしいな。と思《おも》ったのは、だれですか。

［ちいちゃん］

(2) なぜ、ア まぶしいな。と思《おも》ったのですか。

［あかるい　ひかりがかおにあたったから。］

(3) ちいちゃんは、どんなイ 気《き》がしましたか。

［あつい］ような［さむい］ような気《き》がしました。

(4) ウ ひどく　のどが　かわいているのはなぜですか。○をつけましょう。

（　）あかるい　ひかりがかおにあたったから。
（○）水《みず》を　のんでいないから。

## 52 頁

### ちいちゃんの かげおくり (20)

名前

● 次《つぎ》の文章《ぶんしょう》を二回《にかい》読《よ》んで、答《こた》えましょう。

あかるいひかりがかおにあたって ちいちゃんは目《め》がさめました。

そのとき、
あ「かげおくりの　よく
できそうな　空《そら》だなあ。」
という、ア おとうさんの
こえが、青《あお》い　空《そら》から
ふってきました。
い「ね。いま、みんなで
やってみましょうよ。」
という　おかあさんの
こえも、青《あお》い　空《そら》から
ふってきました。
ちいちゃんは、
ふらふらする
足《あし》を　ふみしめて
イ 立《た》ちあがると、
たったひとつの　かげぼうしを
見《み》つめながら、
かぞえだしました。

（あかね書房　一九八二年発行　ちいちゃんのかげおくり　あまん　きみこ）

(1) あの言葉《ことば》は、だれが言《い》った言葉《ことば》ですか。

〔おとうさん〕

(2) アおとうさんの　こえが。青《あお》い空《そら》から　ふってきました。と　おなじことを　あらわしている　ものに　○をつけましょう。

（○）ちいちゃんは、おとうさんの　こえが　きこえた気《き》がした。
（　）おとうさんが、たかい　ところから　ちいちゃんに　はなしかけていた。

(3) いの言葉《ことば》は、だれが言《い》った言葉《ことば》ですか。

〔おかあさん〕

(4) イたったひとつの　かげぼうしは、だれの　かげぼうしですか。

〔ちいちゃん〕

52

## 53 頁

### ちいちゃんの かげおくり (21)

名前

● 次《つぎ》の文章《ぶんしょう》を二回《にかい》読《よ》んで、答《こた》えましょう。

ちいちゃんは、たったひとつの かげぼうしを見《み》つめながら、かぞえ だしました。

「ひとーつ、ふたーつ、みーっつ。」
いつのまにか、おとうさんの
ひくい　こえが、
ア かさなって
きこえだしました。
「よーっつ、いつーつ、むーっつ。」
おかあさんの　たかい
こえも、それに　イ かさなって
きこえだしました。
「なーなつ、やーっつ、
ここのーつ。」
おにいちゃんの
わらいそうな
こえも、
ウ かさなってきました。

（あかね書房　一九八二年発行　ちいちゃんのかげおくり　あまん　きみこ）

(1) アのかさなってのとき、ちいちゃんのこえと、だれのこえが、かさなって　きこえだしましたか。

〔おとうさん〕

(2) イのかさなってのとき、おとうさんと、ちいちゃんと、だれのこえが、かさなって　きこえだしましたか。

〔おかあさん〕

(3) ウのかさなってのとき、だれのこえが、かさなってきましたか。

〔おにいちゃん〕

(4) おとうさん、おかあさん、おにいちゃんのこえは、どんなこえですか。上《うえ》と下《した》を　――線《せん》で　むすびましょう。

① おとうさん　　たかいこえ
② おかあさん　　わらいそうなこえ
③ おにいちゃん　　ひくいこえ

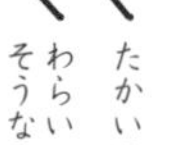

53

## 54 頁

### ちいちゃんの かげおくり (22)

名前

● 次《つぎ》の文章《ぶんしょう》を二回《にかい》読《よ》んで、答《こた》えましょう。

「とお！」
ちいちゃんが　空《そら》を
見上《みあ》げると、青《あお》い　空《そら》に、
くっきりと　ア 白《しろ》い　かげが
四《よっ》つ。
「おとうちゃん。」
ちいちゃんは
よびました。
あ「おかあちゃん、
おにいちゃん。」
そのとき、からだが
すうっと　すきとおって、
空《そら》に　イ すいこまれていくのが
わかりました。

（あかね書房　一九八二年発行　ちいちゃんのかげおくり　あまん　きみこ）

(1) ア白《しろ》いかげが　四《よっ》つとありますが、だれのかげですか。

〔ちいちゃん〕〔おとうさん〕〔おかあさん〕〔おにいちゃん〕

(2) あ「おかあちゃん、おにいちゃん。」といったのは、だれですか。

〔ちいちゃん〕

(3) イすいこまれては、①だれが、②どこに　すいこまれていきましたか。

① だれ（が）　〔ちいちゃん〕が
② どこ（に）　〔空〕に　すいこまれて　いくのがわかりました。

54

## 55 頁

### ちいちゃんの かげおくり (23)

名前

● 次《つぎ》の文章《ぶんしょう》を二回《にかい》読《よ》んで、答《こた》えましょう。

いちめんの　空《そら》のいろ。
ちいちゃんは、
空《そら》いろの
ア 花《はな》ばたけの中《なか》に
立《た》っていました。
見《み》まわしても
見《み》まわしても、
花《はな》ばたけ。
（きっと、イ ここ、空《そら》の上《うえ》よ。）
と、ちいちゃんは
おもいました。
（ああ、あたし、
おなかが　すいて、
かるくなったから
ういたのね。）

（あかね書房　一九八二年発行　ちいちゃんのかげおくり　あまん　きみこ）

(1) ちいちゃんは、どんな　ア花《はな》ばたけの中《なか》に　立《た》っていましたか。

〔空いろ〕の　花《はな》ばたけの中《なか》。

(2) ちいちゃんは、イここを、どこだと思《おも》いましたか。

〔空の上〕

(3) ちいちゃんは、なぜ、イここに　きたと　思《おも》いましたか。文中《ぶんちゅう》から　書《か》き出《だ》しましょう。

ああ、あたし、〔おなかが　すいて〕、〔かるくなった〕から　〔ういた〕のね。

55

# 解答例

本書の解答は，あくまでもひとつの例です。児童に取り組ませる前に，必ず指導される方が問題を解いてください。指導される方の作られた解答をもとに，児童の多様な考えに寄り添って○つけをお願いします。

## 56頁

### ちいちゃんの かげおくり (24)

名前

● 次《つぎ》の文章《ぶんしょう》を二回《にかい》読《よ》んで、答《こた》えましょう。

そのとき、むこうから、
おとうさんと　おかあさんと
おにいちゃんが、わらいながら
㋐あるいてくるのが
見《み》えました。
（なあんだ。みんな　こんな
ところに　いたから、
こなかったのね。）
ちいちゃんは、
㋑きらきら　わらいだしました。
わらいながら、
花《はな》ばたけの中《なか》を
㋒はしりだしました。

（あかね書房　一九八二年発行　ちいちゃんのかげおくり　あまん　きみこ）

(1) おとうさんと　おかあさんと　おにいちゃんは、どんなふうに㋐あるいてきましたか。

**わらいながら**
あるいてくるのが
見《み》えました。

(2) ちいちゃんは、㋑きらきら　わらいだしました。とありますが、なぜ、きらきらわらいだしたのですか。あなたが考《かんが》えたことを書《か》きましょう。

（例）
**おとうさんと　おかあさんと　おにいちゃんに、あえたから。**

(3) ちいちゃんは、どこにむかって㋒はしりだしましたか。あなたが考《かんが》えたことを書《か》きましょう。

（例）
**おとうさんと　おかあさんと　おにいちゃんが、いるところ。**

56

## 57頁

### ちいちゃんの かげおくり (25)

名前

● 次《つぎ》の文章《ぶんしょう》を二回《にかい》読《よ》んで、答《こた》えましょう。

1

なつの　はじめの　ある朝《あさ》。
こうして、
㋐小《ちい》さな　女《おんな》の子《こ》の　いのちが、
空《そら》に　きえました。

2

それから　なん十年《じゅうねん》。
町《まち》には、まえよりも
いっぱい　いえが　たっています。
㋑ちいちゃんが　ひとりで
かげおくりをした　ところは、
ちいさな　こうえんに
なっています。
青《あお》い　空《そら》の下《した》。
きょうも、
おにいちゃんや
ちいちゃんぐらいの
子《こ》どもたちが、
㋒きらきら　わらいごえを
あげて、あそんでいます。

（あかね書房　一九八二年発行　ちいちゃんのかげおくり　あまん　きみこ）

1 (1) ㋐小《ちい》さな　女《おんな》の子《こ》の　いのちが、空《そら》にきえたのは、いつですか。

**なつの　はじめの　ある朝。**

2 (1) ㋑ちいちゃんが、ひとりでかげおくりを　したところは、何《なに》になっていますか。

**ちいさな　こうえん**

(2) ㋒どんな　子《こ》どもたちが、きらきら　わらいごえを　あげて、あそんでいますか。

**おにいちゃん** や
**ちいちゃん**
ぐらいの子《こ》どもたち。

57

## 58頁

### 短歌《たんか》を楽《たの》しもう (1)

名前

(1) 次《つぎ》の文《ぶん》は、「短歌《たんか》」について、書《か》かれた文《ぶん》です。ただしい言葉《ことば》をえらんで○をつけましょう。

・短歌《たんか》は、
（○）五《ご》・七《しち》・五《ご》・七《しち》・七《しち》
（　）五《ご》・七《しち》・五《ご》
の
（○）三十一音《さんじゅういちおん》
（　）十七音《じゅうしちおん》
で作《つく》られた短《みじか》い詩《し》です。

(2) 次《つぎ》の文《ぶん》は、「短歌《たんか》」について、書《か》かれた文《ぶん》です。□にあてはまる言葉《ことば》を　□からえらんで、書《か》きましょう。

短歌《たんか》の **三十一** 音《おん》の中《なか》には、**しぜん** の様子《ようす》や、そこから感《かん》じられること、**心** に思《おも》う
いろいろなことが表《あらわ》されます。

しぜん　三十一《さんじゅういち》　心《こころ》

（令和二年度版　光村図書　国語　三下　あおぞら「短歌を楽しもう」による）

58

## 59頁

### 短歌《たんか》を楽《たの》しもう (2)

名前

● 次《つぎ》の短歌《たんか》や文章《ぶんしょう》を二回《にかい》読《よ》んで、答《こた》えましょう。

㋐むしのねも／のこりすくなに／なりにけり／よなよなかぜの／さむくしなれば

良寛《りょうかん》

虫《むし》の鳴《な》き声《ごえ》もあまり聞《き》こえなくなってきたなあ。夜《よ》ごとにふく風《かぜ》が寒《さむ》くなるので。

（令和二年度版　光村図書　国語　三下　あおぞら「短歌を楽しもう」による）

(1) 右《みぎ》の短歌《たんか》の五《ご》・七《しち》・五《ご》・七《しち》・七《しち》に分《わ》かれるところを見《み》つけて／線《せん》を四《よっ》つ書《か》きましょう。

(2) 右《みぎ》の短歌《たんか》を、ひらがなで書《か》きましょう。

**むしのねも**
**のこりすくなに**
**なりにけり**
**よなよなかぜの**
**さむくしなれば**

(3) ㋐むしのねとは、何《なん》ですか。○をつけましょう。

（　）風《かぜ》の音《おと》
（○）虫《むし》の鳴《な》き声《ごえ》

(4) この短歌《たんか》が表《あらわ》している季節《きせつ》は、いつごろですか。○をつけましょう。

（　）春《はる》のはじめ
（○）秋《あき》のおわり

59

## 60頁

### 短歌《たんか》を楽《たの》しもう (3)

名前

● 次《つぎ》の短歌《たんか》や文章《ぶんしょう》を二回《にかい》読《よ》んで、答《こた》えましょう。

秋来《あきき》ぬと／目《め》にはさやかに／見《み》えねども／風《かぜ》の音《おと》にぞ／おどろかれぬる

藤原《ふじわらの》 敏行《としゆき》

秋《あき》が来《き》たと、目《め》に見《み》えてはっきりとは分《わ》からなかったけれども、風《かぜ》の音《おと》が秋《あき》らしくて、はっとしたよ。

（令和二年度版　光村図書　国語　三下　あおぞら「短歌を楽しもう」による）

(1) 右《みぎ》の短歌《たんか》の五《ご》・七《しち》・五《ご》・七《しち》・七《しち》に分《わ》かれるところを見《み》つけて／線《せん》を四《よっ》つ書《か》きましょう。

(2) 右《みぎ》の短歌《たんか》を、ひらがなで書《か》きましょう。

あききぬと
めにはさやかに
みえねども
かぜのおとにぞ
おどろかれぬる

(3) この短歌《たんか》が表《あらわ》している季節《きせつ》は、いつですか。〇をつけましょう。

（　）夏《なつ》
（〇）秋《あき》

(4) この短歌《たんか》の作者《さくしゃ》は、何《なに》で季節《きせつ》を感《かん》じましたか。

風の音



## 61頁

### 短歌《たんか》を楽《たの》しもう (4)

名前

● 次《つぎ》の短歌《たんか》や文章《ぶんしょう》を二回《にかい》読《よ》んで、答《こた》えましょう。

奥山《おくやま》に／紅葉《もみじ》踏《ふ》み分《わ》け／鳴《な》く鹿《しか》の／声《こえ》聞《き》く時《とき》ぞ／秋《あき》は悲《かな》しき

猿丸大夫《さるまるだゆう》

奥深《おくぶか》い山《やま》で紅葉《もみじ》を踏《ふ》み分《わ》けながら鳴《な》いている鹿《しか》の声《こえ》を聞《き》くときこそ、秋《あき》の悲《かな》しさを感《かん》じるものだなあ。

（令和二年度版　光村図書　国語　三下　あおぞら「短歌を楽しもう」による）

(1) 右《みぎ》の短歌《たんか》の五《ご》・七《しち》・五《ご》・七《しち》・七《しち》に分《わ》かれるところを見《み》つけて／線《せん》を四《よっ》つ書《か》きましょう。

(2) 右《みぎ》の短歌《たんか》を、ひらがなで書《か》きましょう。

おくやまに
もみじふみわけ
なくしかの
こえきくときぞ
あきはかなしき

(3) この短歌《たんか》が表《あらわ》している季節《きせつ》は、いつですか。

秋

(4) この短歌《たんか》の作者《さくしゃ》は、何《なに》で季節《きせつ》を感《かん》じていますか。〇をつけましょう。

（〇）鹿《しか》の声《こえ》
（　）風《かぜ》の音《おと》



## 62頁

### 短歌《たんか》を楽《たの》しもう (5)

名前

● 次《つぎ》の短歌《たんか》や文章《ぶんしょう》を二回《にかい》読《よ》んで、答《こた》えましょう。

天《あま》の原《はら》／振《ふ》りさけ見《み》れば／春日《かすが》なる／三笠《みかさ》の山《やま》に／出《い》でし月《つき》かも

安倍仲麿《あべのなかまろ》

広々《ひろびろ》とした大空《おおぞら》をずっと遠《とお》くまで見《み》わたしてみると、月《つき》が出《で》ている。あれは、昔《むかし》、春日《かすが》の三笠山《みかさやま》に出《で》ていた月《つき》と同《おな》じなのだなあ。

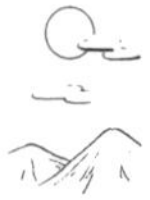

（令和二年度版　光村図書　国語　三下　あおぞら「短歌を楽しもう」による）

(1) 右《みぎ》の短歌《たんか》の五《ご》・七《しち》・五《ご》・七《しち》・七《しち》に分《わ》かれるところを見《み》つけて／線《せん》を四《よっ》つ書《か》きましょう。

(2) 右《みぎ》の短歌《たんか》を、ひらがなで書《か》きましょう。

あまのはら
ふりさけみれば
かすがなる
みかさのやまに
いでしつきかも

(3) この短歌《たんか》の作者《さくしゃ》は、何《なに》を見《み》てこの短歌《たんか》を作《つく》りましたか。

（〇）天《あま》の原《はら》
（　）三笠《みかさ》の山《やま》



## 63頁

### くわしく表《あらわ》す言葉《ことば》 (1)
——主語《しゅご》とじゅつ語《ご》

名前

● 次《つぎ》の文《ぶん》から、主語《しゅご》とじゅつ語《ご》を見《み》つけて□に書《か》きましょう。

① くじらは　大《おお》きい。

主語《しゅご》：くじらは
じゅつ語《ご》：大きい

② イルカが　泳《およ》ぐ。

主語《しゅご》：イルカが
じゅつ語《ご》：泳ぐ

③ サメは　魚《さかな》だ。

主語《しゅご》：サメは
じゅつ語《ご》：魚だ

④ ペンギンは　鳥《とり》だ。

主語《しゅご》：ペンギンは
じゅつ語《ご》：鳥だ

⑤ 海《うみ》が　見《み》える。

主語《しゅご》：海が
じゅつ語《ご》：見える

# 解答例

本書の解答は，あくまでもひとつの例です。児童に取り組ませる前に，必ず指導される方が問題を解いてください。指導される方の作られた解答をもとに，児童の多様な考えに寄り添って○つけをお願いします。

## 64頁

くわしく表《あらわ》す言葉《ことば》 (2)
——主語《しゅご》とじゅつ語《ご》

名前

● 次《つぎ》の文《ぶん》から、主語《しゅご》とじゅつ語《ご》を見《み》つけて□に書《か》きましょう。

① わたしは　本《ほん》を　読《よ》んだ。
主語《しゅご》 わたしは　じゅつ語《ご》 読んだ

② 先生《せんせい》が　遠足《えんそく》について　話《はな》した。
主語《しゅご》 先生が　じゅつ語《ご》 話した

③ ぼくの　かさは　黄色《きいろ》い。
主語《しゅご》 かさは　じゅつ語《ご》 黄色い

④ きょうの　しゅくだいは　絵日記《えにっき》だ。
主語《しゅご》 しゅくだいは　じゅつ語《ご》 絵日記だ

⑤ 森《もり》に　みずうみが　ある。
主語《しゅご》 みずうみが　じゅつ語《ご》 ある

64

## 65頁

くわしく表《あらわ》す言葉《ことば》 (3)
——主語《しゅご》とじゅつ語《ご》

名前

● 次《つぎ》の文《ぶん》から、主語《しゅご》とじゅつ語《ご》を見《み》つけて□に書《か》きましょう。

① ぼくは　きのう　動物園《どうぶつえん》に　行《い》った。
主語《しゅご》 ぼくは　じゅつ語《ご》 行った

② 白《しろ》くて　うつくしい　花《はな》が　さいています。
主語《しゅご》 花が　じゅつ語《ご》 さいています

③ かさ立《た》てに　かさが　三本《さんぼん》　あります。
主語《しゅご》 かさが　じゅつ語《ご》 あります

④ ぼくは　動物園《どうぶつえん》で　ライオンを　見《み》た。
主語《しゅご》 ぼくは　じゅつ語《ご》 見た

⑤ わたしは　弟《おとうと》と　カレーを　作《つく》った。
主語《しゅご》 わたしは　じゅつ語《ご》 作った

65

## 66頁

くわしく表《あらわ》す言葉《ことば》 (4)
——主語《しゅご》とじゅつ語《ご》

名前

● 次《つぎ》の文《ぶん》から、主語《しゅご》とじゅつ語《ご》を見《み》つけて□に書《か》きましょう。

① わたしは新《しん》かん線《せん》で、東京《とうきょう》に行《い》きます。
主語《しゅご》 わたしは　じゅつ語《ご》 行きます

② 鳥《とり》が、木《き》の上《うえ》をとんでいます。
主語《しゅご》 鳥が　じゅつ語《ご》 とんでいます

③ 赤《あか》ちゃんが、大《おお》きな声《こえ》でないています。
主語《しゅご》 赤ちゃんが　じゅつ語《ご》 ないています

④ わたしの兄《あに》は、とてもやさしい。
主語《しゅご》 兄は　じゅつ語《ご》 やさしい

⑤ 妹《いもうと》は、友《とも》だちと公園《こうえん》に行《い》った。
主語《しゅご》 妹は　じゅつ語《ご》 行った

66

## 67頁

くわしく表《あらわ》す言葉《ことば》 (5)
——「何《なに》を」

名前

● はじめに、主語《しゅご》とじゅつ語《ご》を○でかこみましょう。
次《つぎ》に、くわしく表《あらわ》す言葉《ことば》に——線《せん》を引《ひ》きましょう。

① (わたしは)　サラダを　(作《つく》った。)

② (母《はは》は)　おすしを　(食《た》べた。)

③ (先生《せんせい》が)　カメラを　(持《も》ってきた。)

④ ながれ星を　(弟《おとうと》は)　(見《み》た。)

⑤ 自てん車を　(兄《あに》が)　(組《く》み立《た》てた。)

⑥ どんぐりを　(りすが)　(食《た》べた。)

67

## 68頁

くわしく表《あらわ》す言葉《ことば》(6)
――「何《なに》に」

名前

● はじめに、主語《しゅご》とじゅつ語《ご》を○でかこみましょう。
次《つぎ》に、くわしく表《あらわ》す言葉《ことば》に――線《せん》を引《ひ》きましょう。

① (姉《あね》が) ゆうびん局に (行《い》った。)

② (先生《せんせい》は) 黒板に (書《か》いた。)

③ (おばあさんは) 子ねこに (話《はな》しかけた。)

④ かがみに (顔《かお》が) (うつった。)

⑤ 駅に (電車《でんしゃ》が) (着《つ》いた。)

⑥ いすに (おじいさんが) (すわった。)



## 69頁

くわしく表《あらわ》す言葉《ことば》(7)
――「いつ」「どこで」「何《なに》を」

名前

● はじめに、くわしく表《あらわ》す言葉《ことば》を見《み》つけて、――線《せん》を引《ひ》きましょう。
次《つぎ》に、――線《せん》を引《ひ》いた言葉《ことば》の〔　〕に、「いつ」「どこで」「何《なに》を」を書《か》きましょう。

① 先生《せんせい》が(主語《しゅご》) 日曜日に〔いつ〕 スーパーで〔どこで〕 おやつを〔何を〕 買《か》った。(じゅつ語《ご》)

② おやつを〔何を〕 日曜日に〔いつ〕 スーパーで〔どこで〕 先生《せんせい》が(主語《しゅご》) 買《か》った。(じゅつ語《ご》)

③ 日曜日に〔いつ〕 スーパーで〔どこで〕 先生《せんせい》が(主語《しゅご》) おやつを〔何を〕 買《か》った。(じゅつ語《ご》)

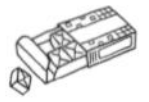

④ スーパーで〔どこで〕 日曜日に〔いつ〕 先生《せんせい》が(主語《しゅご》) おやつを〔何を〕 買《か》った。(じゅつ語《ご》)



## 70頁

くわしく表《あらわ》す言葉《ことば》(8)
――「いつ」「どこで」「何《なに》に」

名前

● はじめに、くわしく表《あらわ》す言葉《ことば》を見《み》つけて、――線《せん》を引《ひ》きましょう。
次《つぎ》に、――線《せん》を引《ひ》いた言葉《ことば》の〔　〕に、「いつ」「どこで」「何《なに》を」を書《か》きましょう。

① ぼくは(主語《しゅご》) きのう〔いつ〕 学校で〔どこで〕 ジャングルジムに〔何に〕 上《のぼ》った。(じゅつ語《ご》)

② きのう〔いつ〕 学校で〔どこで〕 ぼくは(主語《しゅご》) ジャングルジムに〔何に〕 上《のぼ》った。(じゅつ語《ご》)

③ きのう〔いつ〕 ぼくは(主語《しゅご》) 学校で〔どこで〕 ジャングルジムに〔何に〕 上《のぼ》った。(じゅつ語《ご》)

④ きのう〔いつ〕 学校で〔どこで〕 ジャングルジムに〔何に〕 ぼくは(主語《しゅご》) 上《のぼ》った。(じゅつ語《ご》)

## 71頁

くわしく表《あらわ》す言葉《ことば》(9)
――「何《なに》を」「何《なに》に」「いつ」「どこで」

名前

● はじめに、主語《しゅご》とじゅつ語《ご》を○でかこみましょう。
次《つぎ》に、くわしく表《あらわ》す言葉《ことば》を見《み》つけて――線《せん》を引《ひ》きましょう。

① ㋐ (ねこが) かつおぶしを (食《た》べた。)
㋑ (ねこが) にわで かつおぶしを (食《た》べた。)

② ㋐ (姉《あね》は) 音楽を (聞《き》いた。)
㋑ (姉《あね》は) コンサートホールで 音楽を (聞《き》いた。)

③ ㋐ 五分前に (電車《でんしゃ》が) (着《つ》いた。)
㋑ 五分前に 駅に (電車《でんしゃ》が) (着《つ》いた。)

# 解答例

本書の解答は，あくまでもひとつの例です。児童に取り組ませる前に，必ず指導される方が問題を解いてください。指導される方の作られた解答をもとに，児童の多様な考えに寄り添って○つけをお願いします。

## 72頁

### くわしく表《あらわ》す言葉《ことば》 (10)

——「どんな」「何《なん》の」「どのように」

名前

● はじめに、主語《しゅご》とじゅつ語を○でかこみましょう。
次《つぎ》に、くわしく表《あらわ》す言葉《ことば》を見《み》つけて——線《せん》を引《ひ》きましょう。

① 青い 風船《ふうせん》が ふくらんだ。

② 青い 風船が 大きく ふくらんだ。

③ 学校の ろう下《か》は 長《なが》い。

④ 学校の ろう下《か》は とても 長《なが》い。

⑤ ねこが ねむそうに すわっている。

⑥ となりの ねこが ねむそうに すわっている。

## 73頁

### くわしく表《あらわ》す言葉《ことば》 (11)

——「どんな」「何《なん》の」「どのように」

名前

● はじめに、主語《しゅご》とじゅつ語を○でかこみましょう。
次《つぎ》に、くわしく表《あらわ》す言葉《ことば》を見《み》つけて——線《せん》を引《ひ》きましょう。

① 父の かばんは 大《おお》きい。

② 父の かばんは とても 大《おお》きい。

③ ひまわりが たくさん さいた。

④ 大きな ひまわりが たくさん さいた。

⑤ 川の 水《みず》が 流《なが》れる。

⑥ 川の 水《みず》が さらさらと 流《なが》れる。

## 74頁

### くわしく表《あらわ》す言葉《ことば》 (12)

——係《かか》る言葉《ことば》

名前

「くわしく表《あらわ》す言葉《ことば》」のことを「修飾語《しゅうしょくご》」と言《い》います。

● □でかこんだ修飾語《しゅうしょくご》は、どの言葉《ことば》をくわしく表《あらわ》していますか。
〈れい〉にならって→を書《か》きましょう。

〈れい〉 父《ちち》の かばんは 大《おお》きい。

① 父《ちち》の かばんは とても 大《おお》きい。

② おおきな ひまわりが さいた。

③ おおきな ひまわりが たくさん さいた。

## 75頁

### くわしく表《あらわ》す言葉《ことば》 (13)

——係《かか》る言葉《ことば》

名前

● □でかこんだ修飾語《しゅうしょくご》は、どの言葉《ことば》をくわしく表《あらわ》していますか。
〈れい〉にならって→を書《か》きましょう。

〈れい〉 川《かわ》の 水《みず》が 流《なが》れる。

① 川《かわ》の 水《みず》が さらさらと 流れる。

② 青《あお》い 風船《ふうせん》が 大《おお》きく ふくらんだ。

③ 青《あお》い 風船《ふうせん》が 大《おお》きく ふくらんだ。

④ 学校《がっこう》の ろう下《か》は 長《なが》い。

⑤ 学校《がっこう》の ろう下《か》は とても 長《なが》い。

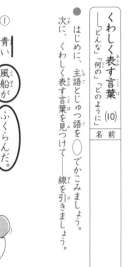

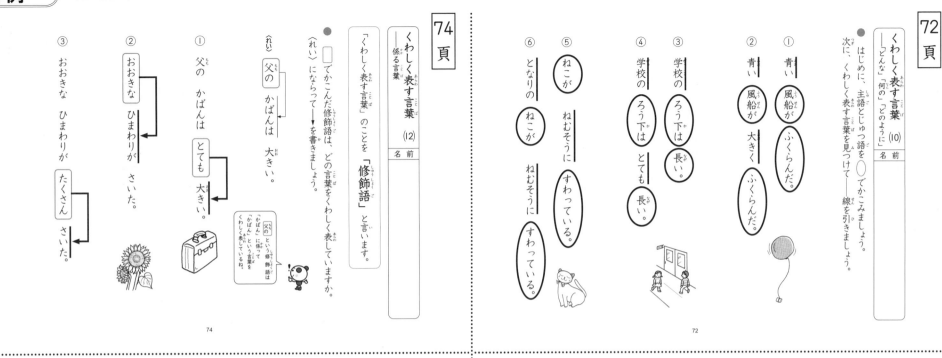

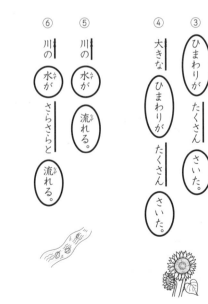

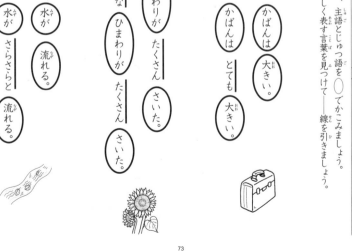

## 76頁

くわしく表《あらわ》す言葉《ことば》 ――まとめ　(14)

名前

(1) はじめに、主語《しゅご》とじゅつ語《ご》を○でかこみましょう。次に、修飾語《しゅうしょくご》（くわしく表《あらわ》す言葉《ことば》）を見《み》つけて――線《せん》を引《ひ》きましょう。

① （これは） 父の （車《くるま》です。）

② （友《とも》だちは） 遊園地に （行《い》く。）

③ 明日の （きゅう食《しょく》は） （カレーだ。）

(2) □でかこんだ修飾語《しゅうしょくご》は、どの言葉《ことば》をくわしく表《あらわ》していますか。〈れい〉にならって→を書《か》きましょう。

〈れい〉 これは 父《ちち》の→車《くるま》です。

① 友《とも》だちは 遊園地《ゆうえんち》に→行く。

② 明日《あした》の→きゅう食は カレーだ。

## 77頁

くわしく表《あらわ》す言葉《ことば》 ――まとめ　(15)

名前

(1) はじめに、主語《しゅご》とじゅつ語《ご》を○でかこみましょう。次に、修飾語《しゅうしょくご》（くわしく表《あらわ》す言葉《ことば》）を見《み》つけて――線《せん》を引《ひ》きましょう。

① （ぼくは） 白鳥を （見《み》た。）

② 黄色い （小鳥《ことり》が） （鳴いている。）

③ （妹《いもうと》は） 楽しそうに （おどった。）

(2) □でかこんだ修飾語《しゅうしょくご》は、どの言葉《ことば》をくわしく表《あらわ》していますか。〈れい〉にならって→を書《か》きましょう。

〈れい〉 ぼくは 白鳥《はくちょう》を→見《み》た。

① 黄色《きいろ》い→小鳥が 鳴《な》いている。

② 妹《いもうと》は 楽《たの》しそうに→おどった。

## 78頁（79頁は略）

くわしく表《あらわ》す言葉《ことば》 ――まとめ　(16)

名前

(1) はじめに、主語《しゅご》とじゅつ語《ご》を○でかこみましょう。次に、修飾語《しゅうしょくご》（くわしく表《あらわ》す言葉《ことば》）を見《み》つけて――線《せん》を引《ひ》きましょう。

① きのうの （夕日《ゆうひ》は） とても （きれいだった。）

② ぼくの （おじいさんは） 子牛を （育《そだ》てている。）

③ 二頭の （いるかが） 元気に （とびはねた。）

(2) □でかこんだ修飾語《しゅうしょくご》は、どの言葉《ことば》をくわしく表《あらわ》していますか。〈れい〉にならって→を書《か》きましょう。

〈れい〉 きのうの→夕日《ゆうひ》は とても→きれいだった。

① ぼくの→おじいさんは 子牛《こうし》を→育てている。

② 二頭《にとう》の→いるかが 元気《げんき》に→とびはねた。

## 80頁（81頁は略）

ことわざ　(2)

名前

(1) 次《つぎ》のことわざの〔　〕に、あとの□から言葉《ことば》をえらんで書《か》きましょう。できたことわざを読《よ》みましょう。

① 善《ぜん》は〔急げ〕

【意味《いみ》】よいと思《おも》ったことは、すぐに行《おこな》うほうがよいということ。

② 〔わらう〕門《かど》には 福《ふく》来《き》たる

【意味《いみ》】いつもにこにことくらしている人《ひと》のところには、しぜんとよいことがやって来《く》るということ。

③ 〔おび〕に短《みじか》し〔たすき〕に長《なが》し

【意味《いみ》】ちゅうとはんぱで、なんの役《やく》にも立《た》たないということ。

わらう　たすき　おび　急《いそ》げ

(2) 次《つぎ》のことわざの〔　〕に、あとの□から言葉《ことば》をえらんで書《か》きましょう。できたことわざを読《よ》みましょう。

④ 〔所〕かわれば〔品〕かわる

【意味】場所《ばしょ》がかわると、言葉《ことば》やしゅうかんもかわるということ。

⑤ 〔石橋〕を たたいて わたる

【意味】用心深《ようじんぶか》く、物事《ものごと》を行《おこな》うこと。

品《しな》　石橋《いしばし》　所《ところ》

# 解答例

本書の解答は，あくまでもひとつの例です。児童に取り組ませる前に，必ず指導される方が問題を解いてください。指導される方の作られた解答をもとに，児童の多様な考えに寄り添って○つけをお願いします。

## 82頁

ことわざ (4)

名前

(1) 次《つぎ》のことわざの［ ］に、あとの□から言葉《ことば》をえらんで書《か》きましょう。できたことわざを読《よ》みましょう。

① ［さる］も［木］から 落《お》ちる

【意味《いみ》】どんな上手《じょうず》な人《ひと》にもしっぱいはあるものだということ。

② ［犬］も 歩《ある》けば［ぼう］に 当《あ》たる

【意味《いみ》】いろんなことをやっていると、思《おも》いがけない幸運《こううん》や、さいなんにあう、ということ。

③ ［ねこ］の［手］も かりたい

【意味《いみ》】役《やく》に立《た》ちそうにないねこの手《て》でもかりたいほど、とてもいそがしい様子《ようす》。

ねこ　犬《いぬ》　さる　木《き》　手《て》　ぼう

(2) 次《つぎ》のことわざの［ ］に、あとの□から言葉《ことば》をえらんで書《か》きましょう。できたことわざを読《よ》みましょう。

④ ［馬］の 耳《みみ》に［ねんぶつ］

【意味《いみ》】どんなによいものでも、ねうちを知《し》らないものには役《やく》に立《た》たないこと。

⑤ ［すずめ］の［なみだ］

【意味《いみ》】りょうが、ごくわずかなようす。

馬《うま》　なみだ　すずめ　ねんぶつ

82

## 83頁 (84頁は略)

ことわざ (5)

名前

(1) 次《つぎ》のことわざを、読《よ》みましょう。書《か》きましょう。

かっぱの 川流れ

【意味《いみ》】どんな上手《じょうず》な人《ひと》にも、しっぱいはあるものだということ。

① このことわざと、にた意味《いみ》のことわざに、○をつけましょう。

(○) さるも 木《き》から 落《お》ちる

( ) たつ鳥《とり》 あとを にごさず

(2) 次《つぎ》のことわざを、読《よ》みましょう。書《か》きましょう。

ぶたに しんじゅ

【意味《いみ》】どんなによいものでも、ねうちを知《し》らないものには役《やく》に立《た》たないこと。

① このことわざと、にた意味《いみ》のことわざに、○をつけましょう。

(○) 馬《うま》の 耳《みみ》に ねんぶつ

( ) 犬《いぬ》も 歩《ある》けば ぼうに 当《あ》たる

83

## 85頁 (86頁は略)

慣用句《かんようく》 (2)

名前

● 次《つぎ》の慣用句《かんようく》の［ ］に、あとの□から言葉《ことば》をえらんで書《か》きましょう。意味《いみ》の正《ただ》しい方《ほう》に○をつけましょう。

① ［馬］が 合《あ》う

【意味《いみ》】
(○) 気《き》が合《あ》う。しっくりいく。
( ) 馬《うま》のように、はやく走《はし》れる。

② ［ねこ］の ひたい

【意味《いみ》】
( ) ねこの考《かんが》えることもわかるぐらい、いろんなことがわかる。
(○) ねこのひたいがせまいことから、面《めん》せきがせまいことのたとえ。

③ ［うり］二《ふた》つ

【意味《いみ》】
(○) 見分《みわ》けがつかないほどよくにている様子《ようす》。
( ) 野《や》さいを二《ふた》つもらったので、よろこんでいる様子《ようす》。

ねこ　馬《うま》　うり

85

## 87頁

慣用句《かんようく》 (4)

名前

● 次《つぎ》の慣用句《かんようく》の［ ］に、あとの□から言葉《ことば》をえらんで書《か》きましょう。意味《いみ》の正《ただ》しい方《ほう》に○をつけましょう。

① ［頭］を ひねる

【意味《いみ》】
( ) 頭《あたま》がいたくてねている様子《ようす》。
(○) あれこれと、考《かんが》えること。

② ［心］が 動《うご》く

【意味《いみ》】
(○) 何《なに》かの力《ちから》によって、気持《きも》ちがひきつけられること。
( ) 気《き》にかかる物事《ものごと》もなく、心《こころ》が落《お》ち着《つ》いている様子《ようす》。

③ ［雲］を つかむ

【意味《いみ》】
( ) ふわふわしていて、うまく持《も》ち運《はこ》べないこと。
(○) ものごとがはっきりしていない様子《ようす》。

雲《くも》　頭《あたま》　心《こころ》

87

## 88頁

### 故《こ》事《じ》成《せい》語《ご》 (1)

名前

● 次《つぎ》の文《ぶん》と故《こ》事《じ》成《せい》語《ご》を読《よ》みましょう。□に故《こ》事《じ》成《せい》語《ご》をひらがなで書《か》きましょう。意《い》味《み》の正《ただ》しい方《ほう》に○をつけましょう。

中《ちゅう》国《ごく》につたわる古《ふる》い出《で》来《き》事《ごと》や物《もの》語《がたり》が元《もと》になってできた短《みじか》い言《こと》葉《ば》を「故《こ》事《じ》成《せい》語《ご》」と言《い》います。

① 五《ご》十《じゅっ》歩《ぽ》百《ひゃっ》歩《ぽ》

ごじゅっぽひゃっぽ

【意《い》味《み》】（○）多《た》少《しょう》のちがいはあるけれど、大《おお》きなちがいではないこと。

（　）歩《ある》く歩《ほ》数《すう》できょりをはかること。

② 矛《む》盾《じゅん》

むじゅん

【意《い》味《み》】（　）ほことたてをうまく使《つか》って、たたかいに勝《か》つこと。

（○）話《はなし》のつじつま（すじみちや正《ただ》しいじゅんばん）が合《あ》わないこと。



## 89頁

### 故《こ》事《じ》成《せい》語《ご》 (2)

名前

● 次《つぎ》の故《こ》事《じ》成《せい》語《ご》を読《よ》みましょう。□に故《こ》事《じ》成《せい》語《ご》をひらがなで書《か》きましょう。意《い》味《み》の正《ただ》しい方《ほう》に○をつけましょう。

① 漁《ぎょ》夫《ふ》の利《り》

ぎょふのり

【意《い》味《み》】（○）とくをしようと二《ふた》人《り》があらそっている間《あいだ》に、べつの人《ひと》が苦《く》ろうなく利《り》えきを横《よこ》取《ど》りすること。

（　）魚《さかな》屋《や》さんが、いい魚《さかな》をたくさん売《う》ってくれること。

② 蛇《だ》足《そく》

だそく

【意《い》味《み》】（　）足《あし》のあるへびがめずらしいように、とてもめずらしいことのたとえ。

（○）へびの絵《え》に足《あし》をつけるように、ひつようのないものをくわえることで、全《ぜん》体《たい》をだめにしてしまうこと。



## 90頁

### 漢《かん》字《じ》の意《い》味《み》 (1)

名前

同《おな》じ発《はつ》音《おん》の言《こと》葉《ば》でも、意《い》味《み》がちがうと使《つか》われる漢《かん》字《じ》もちがってきます。

● 絵《え》を見《み》て、次《つぎ》の文《ぶん》の――の言《こと》葉《ば》にあてはまる漢《かん》字《じ》を下《した》の□からえらんで、□に書《か》きましょう。

① 人《にん》形《ぎょう》にはなをつける。

人《にん》形《ぎょう》に 花 をつける。

人《にん》形《ぎょう》に 鼻 をつける。

（花　鼻）

② はが、きれいだ。

葉 が、きれいだ。

歯 が、きれいだ。

（葉　歯）

③ ひに、あたる。

火 に、あたる。

日 に、あたる。

（日　火）

（令和二年度版　光村図書　三下　あおぞら「漢字の意味」による）



## 91頁

### 漢《かん》字《じ》の意《い》味《み》 (2)

名前

● 次《つぎ》の発《はつ》音《おん》の漢《かん》字《じ》を、文《ぶん》に合《あ》うように（　）からえらんで□に書《か》きましょう。

(1) カイ（回　階）

① ぼくのへやは、家《いえ》の二《に》 階 にある。

② 新《しん》かん線《せん》に乗《の》るのは、これで五《ご》 回 目《め》だ。

(2) キシャ（記者　汽車）

① わたしの父《ちち》は、新《しん》聞《ぶん》 記者 だ。

② 鉄《てつ》道《どう》はく物《ぶつ》館《かん》に、むかしの 汽車 を見《み》に行《い》った。

(3) カジ（家事　火事）

① きのうは、近《ちか》くの山《やま》で 火事 があったそうだ。

② 家事 を手《て》つだって、そうじとせんたくをした。

本書の解答は，あくまでもひとつの例です。児童に取り組ませる前に，必ず指導される方が問題を解いてください。指導される方の作られた解答をもとに，児童の多様な考えに寄り添って○つけをお願いします。

## 92頁

### 漢字《かんじ》の意味《いみ》 (3)

名前

● 次《つぎ》の発音《はつおん》の漢字《かんじ》を、文《ぶん》に合《あ》うように（　）からえらんで□に書《か》きましょう。

(1) キョク（曲　局）

① ゆうびん［局］で、はがきを買《か》った。

② 姉《あね》は、ピアノでむずかしそうな［曲］をひいている。

(2) サン（三　山）

① ここから、ふじ［山］が、きれいに見《み》える。

② 友《とも》だち［三］人《にん》と、図書館《としょかん》に行《い》って、宿題《しゅくだい》をした。

(3) セン（線　船）

① 点《てん》［線］をなぞって書《か》くと、うさぎの絵《え》ができあがった。

② 夏《なつ》まつりで、大《おお》きな風《ふう》［船］をもらった。

92

## 93頁

### 漢字《かんじ》の意味《いみ》 (4)

名前

一《ひと》つの漢字《かんじ》が、いくつかのちがう意味《いみ》を表《あらわ》すことがあります。

● 次《つぎ》の㋐㋑㋒の漢字《かんじ》を読《よ》みましょう。〜〜線《せん》の漢字《かんじ》の意味《いみ》を下《した》からえらんで――線でむすびましょう

① 名

- ㋐ 三名《さんめい》 ― 人《ひと》を数《かぞ》えるときの単位《たんい》
- ㋑ 名人《めいじん》 ― すぐれている
- ㋒ 名前《なまえ》 ― なまえ

② 本

- ㋐ 絵本《えほん》 ― 書物《しょもつ》
- ㋑ 本気《ほんき》 ― ほんもの、ほんとうの
- ㋒ 二本《にほん》 ― ほそ長《なが》いものを数《かぞ》えるときの単位《たんい》

③ 長

- ㋐ 長《ちょう》きょり ― 長《なが》い
- ㋑ 会長《かいちょう》 ― いちばん上《うえ》の役《やく》
- ㋒ 長所《ちょうしょ》 ― すぐれている、よいところ

93

## 94頁 (95頁は略)

### 形《かたち》のにている漢字《かんじ》

名前

● 文《ぶん》に合《あ》うように、下《した》の□から漢字《かんじ》をえらんで□に書《か》きましょう。

① ㋐ ［白］《しろ》いうさぎ。
㋑ ［自］《じ》分《ぶん》のつくえ。
（白　自）

② ㋐ 森《もり》の［木］《き》。
㋑ 図書室《としょしつ》の［本］《ほん》。
（木　本）

③ ㋐ ［大］《おお》きなかぼちゃ。
㋑ ［太］《ふと》いロープ。
㋒ ［天］《てん》気《き》がわるい。
（大　天　太）

94

## 96頁

### 十二支《じゅうにし》と月《つき》のよび名《な》 (2)

名前

● 昔《むかし》から使《つか》われている言《い》い方《かた》で書《か》きましょう。読《よ》みましょう。

ね ← うし ← とら ← う ← たつ ← み

うま → ひつじ → さる → とり → いぬ → い

96

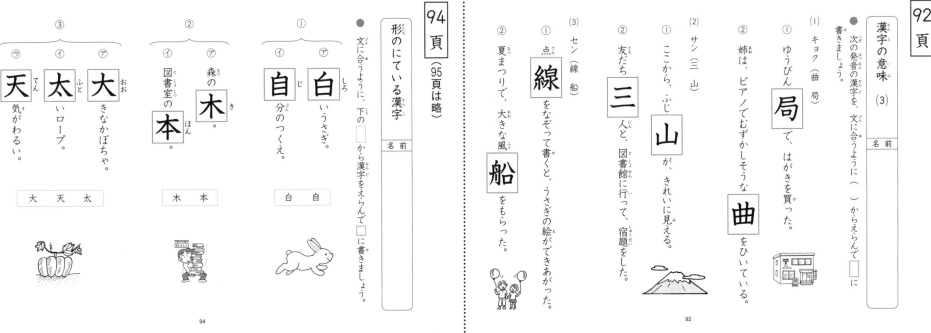

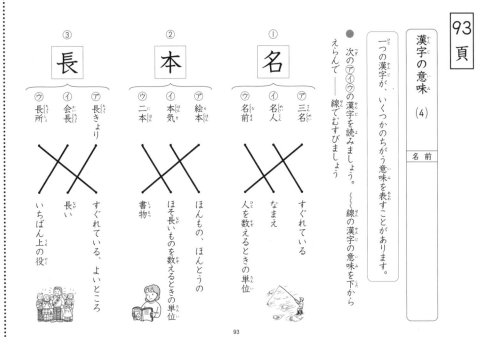

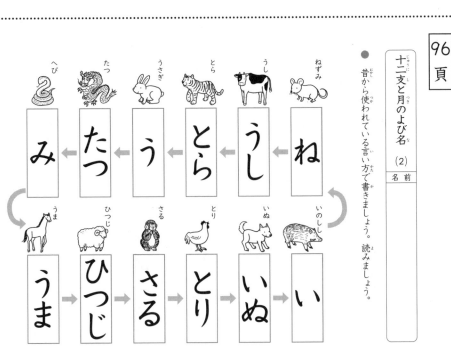

## 97頁（98頁は略）

### 十二支《じゅうにし》と月《つき》のよび名《な》 (3)

名前

● 上《うえ》と下《した》の言葉《ことば》で、合《あ》うものを——線《せん》でむすびましょう。

① ね　② うし　③ とら　④ う　⑤ たつ　⑥ み　⑦ うま　⑧ ひつじ　⑨ さる　⑩ とり　⑪ いぬ　⑫ い

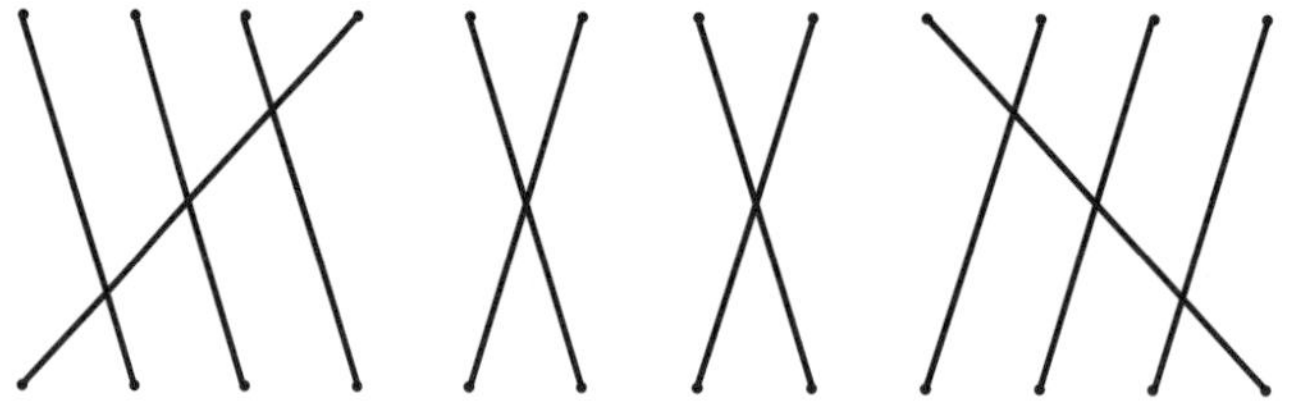

うさぎ　ねずみ　うし　とら　へび　たつ　ひつじ　うま　とり　いぬ　いのしし　さる

## 99頁

### 十二支《じゅうにし》と月《つき》のよび名《な》 (5)

名前

● 昔《むかし》から使《つか》われている月《つき》のよび名《な》を書《か》きましょう。読《よ》みましょう。

- 一月《いちがつ》　睦月　むつき
- 二月《にがつ》　如月　きさらぎ
- 三月《さんがつ》　弥生　やよい
- 四月《しがつ》　卯月　うづき
- 五月《ごがつ》　皐月　さつき
- 六月《ろくがつ》　水無月　みなづき
- 七月《しちがつ》　文月　ふみづき
- 八月《はちがつ》　葉月　はづき
- 九月《くがつ》　長月　ながつき
- 十月《じゅうがつ》　神無月　かんなづき
- 十一月《じゅういちがつ》　霜月　しもつき
- 十二月《じゅうにがつ》　師走　しわす



## 100頁

### 二《ふた》つの漢字《かんじ》の組《く》み合《あ》わせ (1)

名前

● 上《うえ》と下《した》の言葉《ことば》のつながりから、漢字二字《かんじにじ》の言葉《ことば》を考《かんが》えましょう。考《かんが》えた言葉《ことば》を□からえらんで、□に書《か》きましょう。

① ㋐ 青《あお》い → 空《そら》　青空
　 ㋑ 星《ほし》が出《で》ている → 空《そら》　星空

② ㋐ 半分《はんぶん》にかけた → 月《つき》　半月
　 ㋑ 月《つき》が出《で》ている → 夜《よる》　月夜

③ ㋐ 大《おお》きな → 声《こえ》　大声
　 ㋑ 小《ちい》さな → 声《こえ》　小声

青空《あおぞら》　星空《ほしぞら》　月夜《つきよ》　半月《はんげつ》　小声《こごえ》　大声《おおごえ》



## 101頁

### 二《ふた》つの漢字《かんじ》の組《く》み合《あ》わせ (2)

名前

● 上《うえ》と下《した》の言葉《ことば》のつながりから、漢字二字《かんじにじ》の言葉《ことば》を考《かんが》えましょう。考《かんが》えた言葉《ことば》を□からえらんで、□に書《か》きましょう。

① ㋐ 旅《たび》に ＋ 行《い》く　旅行
　 ㋑ 山《やま》に ＋ 登《のぼ》る　登山

② ㋐ 文《ぶん》を ＋ 作《つく》る　作文
　 ㋑ 書《しょ》を ＋ 読《よ》む　読書

③ ㋐ 見《み》て ＋ 学《まな》ぶ　見学
　 ㋑ 音《おと》を ＋ 楽《たの》しむ　音楽

旅行《りょこう》　登山《とざん》

読書《どくしょ》　作文《さくぶん》

音楽《おんがく》　見学《けんがく》

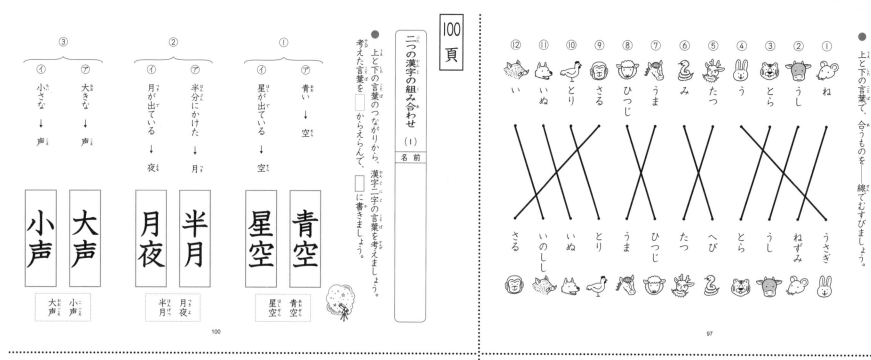

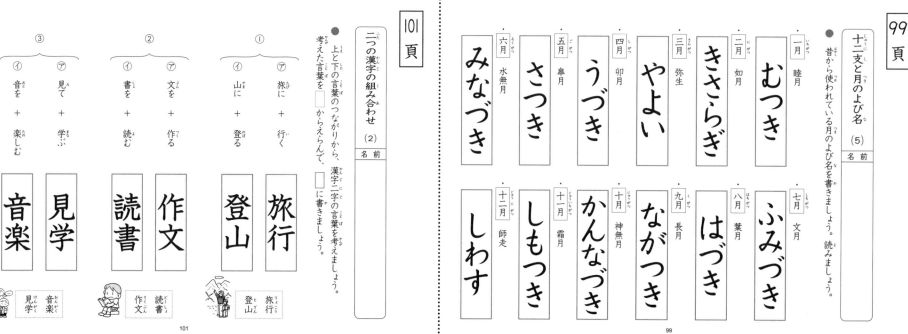

# 解答例

本書の解答は，あくまでもひとつの例です。児童に取り組ませる前に，必ず指導される方が問題を解いてください。指導される方の作られた解答をもとに，児童の多様な考えに寄り添って○つけをお願いします。

102 頁

## 二《ふた》つの漢字《かんじ》の組《く》み合《あ》わせ (3)

名前

● 上《うえ》の漢字《かんじ》と関係《かんけい》のある漢字《かんじ》を□からえらんで□に書《か》き、漢字二字《かんじにじ》の言葉《ことば》を作《つく》りましょう。

①

㋐ 田 畑

㋑ 岩 石

畑 石

②

㋐ 回 転

㋑ 身 体

転 体

③

㋐ 出 発

㋑ 行 進

㋒ 道 路

㋓ 絵 画

画 発 進 路

102

103 頁

## 二《ふた》つの漢字《かんじ》の組《く》み合《あ》わせ (4)

名前

● 上《うえ》の漢字《かんじ》と反対《はんたい》の意味《いみ》になる漢字《かんじ》を□からえらんで【】に書《か》きましょう。組《く》み合《あ》わせてできる漢字二字《かんじにじ》の言葉《ことば》を□に書《か》きましょう。

①

㋐ 強《つよ》い ↕ 弱い　強弱

㋑ 明《あか》るい ↕ 暗い　明暗

㋒ 長《なが》い ↕ 短い　長短

弱 短 暗

②

㋐ 苦《くる》しい ↕ 楽しい　苦楽

㋑ 勝《か》つ ↕ 負ける　勝負

㋒ 軽《かる》い ↕ 重い　軽重

重 楽 負

103

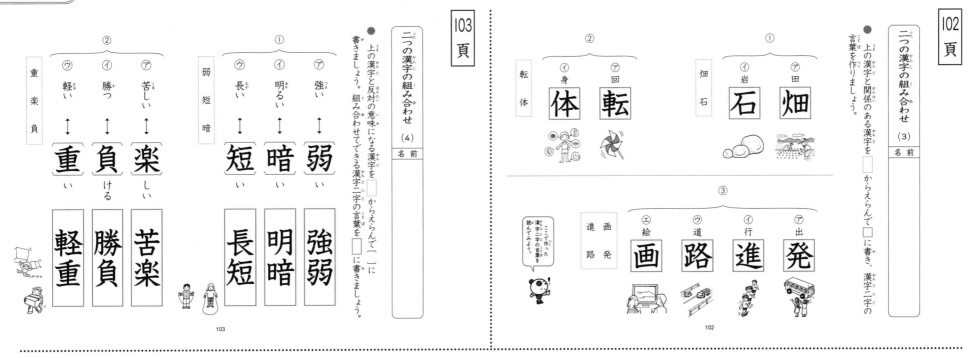

喜楽研 WEB サイト
書籍の最新情報（正誤表含む）は
喜楽研 WEB サイトをご覧下さい。

喜楽研の支援教育シリーズ
もっと　ゆっくり　ていねいに学べる
読解ワーク　基礎編　3-②
個別指導に最適
光村図書・東京書籍・教育出版の
教科書教材などより抜粋

2023年3月1日

イ ラ ス ト：山口　亜耶　他
表紙イラスト：山口　亜耶
表紙デザイン：エガオデザイン
企 画 ・ 編 著：原田　善造・あおい　えむ・今井　はじめ・さくら　りこ
中　あみ・中　えみ・中田　こういち・なむら　じゅん
はせ　みう・ほしの　ひかり・堀越　じゅん・みやま　りょう（他４名）
編 集 担 当：堀江　優子

発　行　者：岸本　なおこ
発　行　所：喜楽研（わかる喜び学ぶ楽しさを創造する教育研究所：略称）
〒604-0827　京都府京都市中京区高倉通二条下ル瓦町 543-1
TEL 075-213-7701　FAX 075-213-7706　HP https://www.kirakuken.co.jp
印　　　刷：株式会社米谷

ISBN : 978-4-86277-414-9

Printed in Japan